Italien

Klassische Reiseziele

Antonio Canova Plastiken von Liebe und Tod

Gianni C. Sciolla

Atlantis

Ins Deutsche übertragen von
Sunita Scheffel

Redaktion
Dr. Dieter Struss

Titel der Originalausgabe
Canova, la trilogia dell'amore, della morte, dell'eroismo

Herausgeber der Reihe
Silvio Locatelli und Marcella Boroli

Lizenzausgabe 1989 für
Manfred Pawlak Verlagsgesellschaft mbH, Herrsching

Printed in Italy, New Interlitho S. p. a. – Trezzano
ISBN 3-88199-544-7

Die Themenkreise der Kunst Canovas

Antonio Canova wird 1757 in Possagno als Sohn des Steinmetzen Pietro Zardo und dessen Frau Angela geboren. Seine Lehrzeit verbringt er bei dem Bildhauer Guiseppe Bernardi zunächst in Pagnano di Asolo und später, zwischen 1768 und 1775, in Venedig. Während dieser Zeit beschäftigt sich Canova mit den Gipsabdrücken antiker Skulpturen der Sammlung von Filippo Farsetti im Palast San Luca, die er in einer ansehnlichen Reihe von Zeichnungen abbildet, und besucht außerdem von 1768 an die Akademie. 1775 eröffnet er im Kloster Santo Stefano seine erste Werkstatt. Er ist eng mit Giuseppe Falier befreundet, dem Sohn des Senators Giovanni Falier, von dem Canova seine ersten Aufträge erhält: »Eurydike«, »Orpheus« und die Darstellung zweier Obstkörbe. Bis 1779 hält er sich in Venedig auf, wo er für die Familien Renier und Querini sowie für Piero Pisani tätig ist, in dessen Auftrag die Statue »Dädalus und Ikarus« entsteht. Außerdem arbeitet er für die Familie Rezzonico, die ihn mit der Ausführung von sechs Statuen für ihre Villa in Bassano beauftragt, von denen Canova lediglich zwei verwirklicht: »Apoll« und »Daphne«. Im Oktober 1779 reist Canova nach Rom, wo er beim venezianischen Botschafter Girolamo Zulian aufgenommen wird. Hier vertieft er seine Kenntnis klassischer Skulpturen, besucht die Aktkurse der französischen Akademie und meldet sich an der Schule des klassizistischen Malers Pompeo Betoni an. Gegen Ende Januar 1780 besichtigt er Neapel, Salerno und Pompeji. Er kehrt für kurze Zeit nach Venedig zurück und läßt sich im Dezember 1780 endgültig in Rom nieder, das zum Zentrum seines Schaffens wird. Hier behauptet er sich recht bald durch eine ganze Reihe von wichtigen Auftragsarbeiten, die in den Grabmalen für die Päpste Clemens XIV. (entstanden 1784–1787) und Clemens XIII. (1792) gipfeln. In diesem letzten Jahrzehnt des 18. Jahrhunderts verwirklicht er mehrere bedeutende Gruppen und Einzelfiguren: »Amor und Psyche« (liegend), »Amor und Psyche« (stehend) und die »Hebe«, von denen jeweils zahlreiche Repliken entstehen; den »Gedenkstein für Admiral Angelo Emo« und die »Stele für Leonardo Pesaro«. Wegen der verwickelten politischen Lage Italiens kehrt er zwischen 1789 und 1799 für kurze Zeit nach Possagno zurück, reist nach Wien und dann nach Venedig. Gegen Ende 1799 ist er erneut in Rom, wo er die Statue des »Perseus« ausführt. 1802 wird er nach Paris gerufen, um eine Darstellung des Kaisers Napoleon anzufertigen, ein Motiv, das in zahlreichen Ausarbeitungen – als Büste und als ganze Figur – wieder aufgenommen wird. In den ersten zehn Jahren des 19. Jahrhunderts entstehen darüber hinaus seine bekannten Abbildungen der Familie Napoleons: von der Statue der Maria Letizia (1805) über »Paolina Borghese als siegreiche Venus« (1808) bis hin zu den Abbildungen von Madame Recanier, Marie Louise von Habsburg, Karoline und Joachim Murat und Elisa Baciocchi. Während dieser Zeit arbeitet Canova auch am Denkmal zu Ehren Alfieris, das sich in Santa Croce zu Florenz befindet.

1805 wird das Grabmal für Maria Christina in der Wiener Augustiner-Kirche eingeweiht. 1812 führt er die weltberühmte »Venere italica« (Italische Venus) aus, im darauffolgenden Jahr die drei »Grazien«. 1815 beauftragt ihn der Papst, die Rückführung der von Napoleon nach Frankreich mitgenommenen Kunstwerke zu bewirken, was ihm letztendlich auch gelingt. Von Paris aus begibt er sich nach London, um die Marmorarbeiten zu bewundern, die Lord Elgin gerade zu dieser Zeit vom Parthenon dorthin überführt. In der letzten Schaffensperiode Canovas entstehen: die »Najade« (Flußnymphe) (1815 – 1817), die Gruppe »Venus und Mars« (1816), das »Kenotaph der Stuarts« (1817 – 1819) und das »Reiterstandbild des Bourbonen Ferdinand I.« (1820), darüber hinaus ein vom römischen

Pantheon angeregter Tempel in Possagno, ein Geschenk an seine Geburtsstadt. Im Jahre 1819 begonnen, wurde der Tempel erst 1832 fertiggestellt und wird, ebenso wie das Haus des Künstlers, als Canova-Museum genutzt. Dort ist der Bildhauer auch beigesetzt, der 1822 in Venedig verstarb.

* * *

»Vortrefflicher Diener der Schönheit«, »einzigartige und wahrhaft göttliche Persönlichkeit«, »Wunder der Kunst«, »eines jener genialen Talente, die ein Jahrhundert unvergessen machen«: Dies sind nur einige der zahllosen Urteile, die das Leben Antonio Canovas begleiten, der von den Zeitgenossen einmütig mit Phidias, Michelangelo und Bernini verglichen wird.

Diese bedingungslose Anerkennung gibt Leopoldo Cicognara in seiner Canova-Biographie am eindringlichsten wider, die ein Jahr nach dem Tod des Künstlers erscheint: »Canova zeichnet sich auf originelle Weise durch die große Freiheit und Neuheit der Konzeption aus, die in der Antike und im 16. Jahrhundert keine Vorbilder findet. All diejenigen, die hinter dieser Konzeption die Klarheit, Ernsthaftigkeit und Eigentümlichkeit des Stils, der nie protzig ist und nie die wesentlichen Eigenheiten eines Werkes mit denen eines anderen vermischt, wahrnehmen, werden feststellen, wie sehr er sich letztendlich der griechischen Vollkommenheit nähert. Wie auch immer die unterschiedliche Wahl der Form, des Faltenwurfs oder der einzelnen Teile ausgefallen sein möge, wird man in allen seinen Werken eine gewissenhafte Vollkommenheit der Glieder bewundern, eine vollendete Weichheit in jeder Kontur, einen einzigartigen Ausdruck von Anmut, die den Hals ohne Geziertheit sich bewegen lassen, indem dem Kopf eine graziöse Drehung und den Schultern eine überaus gelungene Gestaltung gegeben wird. Und vor allem wird man in jedem Werk eine Meisterschaft in der Wiedergabe von Muskulatur und Haut finden, die derjenigen der Antike gleichkommt, ohne sich jemals im Detail zu verlieren oder in allzu sklavische Nachahmung zu verfallen. Man könnte sagen, er habe alles Göttliche des Ideals zuerst in seine Figuren eingeprägt, um sie dann, so möchte man meinen, in den Zustand des Menschlichen zurückrufen, indem er ihnen hier und dort jene kleinen Spuren des Natürlichen – dem er in der Wirklichkeit aufmerksam nachspürt – als letzte Handgriffe der Meisterschaft aufprägt. Damit hören sie auf, Stein zu sein, werden unter seinen letzten Schlägen geschmeidig und erhalten eine außergewöhnliche Weichheit.«

Canova war es demnach als einzigem unter den Künstlern seiner Zeit gelungen, nicht nur das ersehnte Ideal der antiken Kunst wiederzubeleben, sondern es mehr denn je unmittelbar und lebendig werden zu lassen.

»Man könnte meinen«, erklärte Pietro Giordani in seinem »Lobgesang auf Antonio Canova« von 1810, »daß er von der gütigen Vorsehung der Natur auf die doppelte Grenzlinie von Erinnerung und menschlicher Vorstellungskraft gestellt wurde, um zwei endlose Räume zu verbinden, indem er uns die vergangenen Zeiten in Erinnerung ruft und von unserer Zeit Abbilder für die Zukunft macht.«

Stendhal pflichtete ihm 1816 *(Rome, Naples et Florence)* bei: »Canova besaß den Mut, die Griechen nicht zu kopieren, sondern sich eine eigene Schönheit zu erfinden, wie sie es getan hatten. Welch ein Schmerz für die Pedanten! Deshalb werden sie noch 50 Jahre nach seinem Tod fortfahren, ihn zu beschimpfen, und deshalb auch wird sein Ruhm immer schneller anwachsen.«

Die Arbeit am Marmor als »erhabene Ausführung«

Canova, durch sein instinktives Feingefühl

zum Maler geboren, wählt dennoch die Bildhauerei, von den Neoklassizisten als künstlerischer Ausdruck schlechthin angesehen, zu seinem Hauptbetätigungsfeld. Ebenso wie die anderen Künste übermitteln die Bildhauerei auf eindringliche Weise die Erinnerung an die Antiken und deren beispielshafte Tugenden. Anders als die anderen Künste jedoch verfügt sie, durch die sie auszeichnende dreidimensionale Darstellung, über die Fähigkeit, »die Formen auf vollkommene Weise lebendig erscheinen zu lassen« (behauptet 1802 Francesco Carradori, Professor für Bildhauerei in Florenz), und im Betrachter visuellen Genuß hervorzurufen.

»Die Bildhauerei ist neben der Geschichte«, schreibt Étienne-Maurice Falconet in der *Encyclopédie,* »das beständigste Lagerhaus menschlicher Tugenden und Schwächen. (. . .) Das größte Verdienst der Bildhauerei ist es demnach, von einem moralischen Standpunkt aus betrachtet, das Andenken an bedeutende Persönlichkeiten zu verewigen und Beispiele an Tugend aufzuzeigen, die um so wirksamer sind, als diejenigen, die als Vorbilder dienten, keinen Neid mehr zu erregen vermögen. (. . .) Die Bildhauerei hat daneben auch noch einen scheinbar weniger nützlichen Gegenstand: die Ausführung von lediglich dekorativen oder erfreuenden Objekten. Aber auch dort ist sie nicht weniger geeignet, die Seele zum Guten oder zum Bösen hinzuführen. Manchmal jedoch wird sie nichts als gleichgültige Eindrücke hervorrufen.«

Schließlich erfährt die von Natur aus nichtfarbige Bildhauerei die Erhöhung des Lichtes, das Weiß. »Das reine Weiß verkörpert das Licht und ist schön, das Schwarz verkörpert den Entzug, die Verblendung, die Stille, den Tod«, sagt wiederum Cicognara in seinem Text »Del bello« (Über das Schöne) von 1832. Das Licht ist Leben: Demnach ist in der Bildhauerei das Weiß die Verherrlichung des Lebensgefühls.

Von diesen Voraussetzungen ausgehend, teilt Canovas Arbeitstechnik den gesamten Herstellungsprozeß einer Statue in vier Phasen: Anfertigung der vorbereitenden Skizzen der in Stein zu hauenden Komposition; Herstellung des Tonmodells, nach dessen Vorbild dann die Gipsform entsteht; Übertragung der Maße von der Gipsform auf den Marmorblock mit Hilfe des sogenannten »Punktiersystems« und schließlich die Ausführung der Statue sowie die Reinigung und Feinbearbeitung des Marmors.

Francesco Carradori beschreibt diesen Vorgang ausführlich in seiner »Einführenden Anleitung für Schüler der Bildhauerei«(»Istruzione elementare per gli studiosi di scultura«, 1802), die an seine Akademiestundenten gerichtet ist: »Um Statuen und andere bildhauerische Arbeiten anzufertigen, benötigt man zuallererst den Grundplan, sowohl von deren Maßstab als auch von deren Haltung, sowie eine vorskizzierte Zeichnung. (. . .) Nachdem man den Entwurf eingehend durchdacht, verdaut und verbessert hat, empfiehlt es sich, ein Modell aus Ton, Stuck oder einem anderen Material zu formen, und zwar von derselben Größe, die die Statue haben soll, oder aber kleiner, indem man nach den Proportionsregeln verkleinert.

Daraufhin nehme man mit Hilfe eines Zirkels oder eines anderen geeigneten Instrumentes die drei wichtigsten Maße. Die Höhe vom oberen bis zum unteren Ende, die Breite und die Tiefe, und bestimme so die jeweiligen Längeneinheiten in *braccia, soldi* und *denari,* um sich einen Marmorblock mit den entsprechenden Ausmaßen an allen Seiten zu besorgen.

Sobald man den Marmor hat, und daneben das Modell in den Maßen der geplanten Statue, braucht man zwei sogenannte Punktiermaschinen aus hartem, gelagerten Holz, das sich nicht bewegen oder verziehen kann. Beide müssen vollkommen identisch sein, drei gerade Seiten haben und eine Größe, die es erlaubt, daß eins das Modell und das andere den Marmor umfaßt. Modell und Marmor müssen großzügig auf einer festen Unterlage stehen, die an eine stabile Mauer angelehnt ist. Für beide Punktiermaschinen braucht man je einen Querträger, ungefähr auf der Hälfte ihrer Länge, mit zwei Ösen, um einen Zuganker aus Draht durchziehen zu können, der oberhalb endend an einem Haken in der Mauer befestigt ist und sie fest in der Waagerechten hält. An der Mauer selbst werden sie durch zwei tiefe Löcher – von mindestens einer Sechstel Elle – befestigt, in denen sie ohne Kalk zu verkeilen sind, um sie bei Bedarf beliebig bewegen zu können.

Bevor die Punktiergeräte jedoch an der Mauer befestigt werden, werden beide an den Außenkanten nach Belieben in der Längeneinheit eines *soldo* oder eines *denaro* unterteilt, und zwar mit der gleichen Anzahl numerierter Markierungen. An jeder der Punktiermaschinen hängen an einem feinen Faden, der dazu bestimmt ist, über die markierten Kerben zu gleiten, zwei Lote senkrecht herunter.

Mit einem dieser Lote nimmt man von einem der Seitenteile des Punktiergerätes die Breitenmaße und von dem vorderen Teil mit dem anderen Lot die Tiefenmaße mit Hilfe eines Stabes oder einer Schiene mit einer scharfen Spitze an einem Ende. Diese richte man nun auf die am Modell markierten Punkte, die am weitesten herausragen, indem man die Schiene möglichst im rechten Winkel zum Faden des entsprechenden Lotes anlegt. Sobald die Lote ausgependelt sind, markiere man mit Rötel beide Maße an der Stelle, an der sie in demselben Punkt zusammentreffen.

Mit Hilfe eines Zirkels nehme man ein drittes Maß, und zwar von einem bereits am Kopf oder einem anderen hochgelegenen Teil des Modells markierten Punkt aus, bis zu dem übereinstimmenden Punkt der anderen genommenen Maße, weil diese alle genau in einem Punkt auf dem Marmorblock zusammentreffen müssen. Auf diese Weise fahre man mit allen übrigen benötigten Maßen fort, bis der Umriß des Werkes sowohl vorne als auch an den Seiten fertiggestellt ist, wobei stets dieselben Punktiergeräte zu verwenden sind. (. . .) An jedem der errechneten und festgelegten Punkte mache man mit einem Rundeisen eine Kerbe und ein möglichst kleines Löchlein, das man mit Rötel markiert und bis fast zur Fertigstellung des Werkes sichtbar hält. (. . .) Anschließend führe man die begonnene Arbeit mit dem für die verschiedenen Grade der Grobarbeiten geeigneten Werkzeuge fort, d. h. mit Steinbohrern, Stemmeisen, Spitzmeißeln, kleinen Breiteisen usw. Schließlich beende man das Werk mit Glättfeilen von unterschiedlicher Größe und Stärke ohne weiteres Werkzeug zu benötigen.

Um es gründlich zu säubern, zu schleifen und, wenn man möchte, dort wo es angebracht ist, auch zu polieren, verwende man kleine abgesprengte Splitter des *rota* genannten Steines. Mit Wasser und diesen Steinchen reibe man alle Teile des Werkes selbst sorgfältig ab, bis alle von den Feilen hinterlassenen Spuren entfernt sind, wobei man zunächst die grobkörnigeren und dann die feineren Splitter verwende. Nachdem man auf diese Weise allen Schmutz entfernt hat, gibt man mit Bimsstein und einem etwas angefeuchteten Tuch aus gespültem Flachs den letzten Schliff, bis alle Teile wie Spiegel glänzen.«

Von Canova sind zahlreiche Skizzen erhalten, beredte Dokumente, die seine eingehenden Studien an den Arbeiten der Großen der Vergangenheit belegen. Die Skizze ist für ihn das zu Papier gebrachte Gefühl. Sie ist das Anfangsstadium, in dem die formale Grundlegung des Werkes festgehalten wird, die dann in den folgenden Bearbeitungsphasen entwickelt wird.

»Er gleicht einem Musiker, der nichts als eine Folge von Noten zur Komposition einer Sinfonie notiert hat; der gesamte Prozeß der

Orchestrierung und der Ausarbeitung steht noch bevor«, schreibt Argan in seinem »Canova« betitelten Aufsatz von 1969.

Die aus Ton angefertigte erste Ausführung im Groben *(bozzetto)*, die oft auch gebrannt wurde, um sie haltbarer zu machen, konzentriert dann in dem schnell modellierten Material das, was ein Biograph des Künstlers, Missirini, 1824 »Entwurf in der Lage« nannte. Die Bozzetti Canovas verraten deutlich seine Berufung zum Maler: »Sie bilden auf den ersten Blick einen lebhaften Konstrast zu seinen sorgfältig ausgearbeiteten Marmorwerken. Sie besitzen eine Kühnheit, eine Unmittelbarkeit, eine Natürlichkeit, eine fast pulsierende Vitalität, wodurch sie Rodin vorwegzunehmen scheinen. Aus heutiger Sicht sind sie beeindruckender als die endgültigen Werke, die so kühl, so behutsam und genau bedacht und so geschlossen sind: Ablehnender Eingestellte könnten auch sagen, so ausdruckslos, gekünstelt und starr. Sie sind auch tatsächlich als Beweis für einen Zwiespalt in der Persönlichkeit Canovas angeführt worden. Dennoch war er kein Einzelfall. Sergel, Flaxman, Chinard, Dannecker und andere mehr haben ebenso freie Tonentwürfe angefertigt und ebenso achtsam beherrschte Marmorwerke wie Canova«, versichert Hugh Honour 1965 in seiner Arbeit »Neoklassizismus« (»Neoclassicism«).

Auf diese beiden Arbeitsgänge folgt in der Werkstatt Canovas die Übertragung der ersten kompositiorischen Ideen auf den Marmorblock.

Während die beiden vorhergehenden Arbeitsphasen von ihm selbst vollzogen werden (wie später auch die letzten Säuberungsarbeiten, um die sich Canova in besonderem Maße kümmert, und zwar indem er Bimsstein benutzt sowie Wachs von zarter und transparenter Farbe), wird die Übertragung vom Bozzetto auf den Gips (in Lebensgröße) und den Marmor von den Grobarbeitern, also nicht von ihm selbst, vollzogen.

Trotzdem sollte dieser Teil der bildhauerischen Arbeit nicht kritisch abgewertet oder von den beiden vorhergehenden getrennt werden.

Erstens, weil die Technik im Sinne des aufklärerischen Denkens keinen persönlichen, sondern einen gesellschaftlichen Faktor darstellt, wie Argan betont. Zweitens, weil diese Übertragung das Ziel der gesamten bildhauerischen Arbeit ist.

Canova selbst nannte den Vorgang der Übertragung des Entwurfs auf den Marmorblock »erhabene Ausführung«. Damit wollte er die Umsetzung des persönlichen Gefühls in dem Augenblick bezeichnen, in dem dieses eine endgültige körperliche Form annimmt, die sich im fertigen Werk niederschlägt.

»Die erhabene Ausführung«, bemerkt wiederum Argan, »ist das, was der Dichtkunst und der Bildhauerei gemeinsam ist. Sie ist die Umkehrung, nicht nur die Aufhebung der barocken Anschauung, weil im *ut pictura poesis* des Barock (wie in der Malerei, so in der Dichtung) die Vorstellung vorherrscht, daß sowohl der Maler, als auch der Dichter »entwerfen«: die Parallele zwischen beiden besteht demnach dort im Moment des Entwurfs, während sie hier im Moment der Ausarbeitung liegt.«

Drei Themenkreise der Arbeit Canovas

Wie Francesco Barbieri, der die Auswahl der Abbildungen für diesen Band getroffen hat, zu Recht bemerkte, lassen sich innerhalb der bildhauerischen Tätigkeit Canovas drei Motivkreise als schöpferische Quellen ausmachen und herausstellen: Liebe, Tod und Heldentum.

Die Liebe nimmt dabei eine begünstigte Stellung ein. Canova verleiht der Liebe in einer Galerie von weiblichen und männlichen Figuren Gestalt, indem er – einzeln oder in Gruppen – die antiken Symbole der menschlichen Schönheit darstellt: Venus, Eurydike, Hebe, Psyche, Danae und die Grazien; darüber hinaus den zeitgenössischen Mythos der Paolina Bonaparte.

Es ist eine unvergleichliche Galerie, in der man, wie Mario Praz in dem Canova gewidmeten Kapitel seiner Arbeit »Vom Geschmack des Neoklassizismus« (»Gusto Neoclassico«) hervorgehoben hat, einer kontemplativen und jugendlichen Sinnlichkeit begegnet, einer keuschen Körperlichkeit ohne Ungestüm, von sinnlicher und verzehrender Erregbarkeit: »Wenn man die poetische Stimmung wahrnehmen möchte, die Canovas Darstellungen der Grazien sowie diejenigen von Venus, Psyche und Amor vermitteln (und wenn ich poetische Stimmung sage, versteht es sich von selbst, daß ich sie als in der plastischen Form vollkommen verwirklicht ansehe), sollte man die Lektüre einiger Zeilen der »Ode auf eine griechische Urne« sowie die »Ode an Psyche« von Keats wiederholen, einem anderen Poeten der keuschen und unerfahrenen Körperlichkeit. An den Wänden der griechischen Urne ist eine in der Annäherung an den Kuß festgehaltene Liebesszene verewigt:

Du ungestüm Verliebter auf den Höhn: Dein Mund küßt in die Luft – doch gräm dich nicht; Nie schwindet sie, obgleich sie dir entrinnt, Und immer liebst du, immer bleibt sie schön. (. . .)

Noch glücklichere Liebe! Überglück! Für immer glühend, glühend nach Genuß, Für immer bebend und für immer jung, Nicht bitter wie der Atmenden Geschick, Das Elend schafft und finstren Überdruß. Und wiederkehrt mit Brand auf Stirn und Zung.

In der »Ode an Psyche« stellt sich der Dichter vor, Amor und Psyche nebeneinanderliegend in einem Wald zu überraschen:

*Da ruhten sie auf ihrem Bett von Gras, Die Arme leicht, die Fittiche verschränkt, Und ihre Lippen sanfterhand getrennt, Gleichwie von Schlaf und nicht von Abschiedsfeuern, (. . .)**

Die Liebe zwischen Sinnlichkeit und Idealismus

Die zarte Sinnlichkeit der Liebesdarstellungen Canovas wird unmerklich durch die Formen seiner weiblichen und männlichen Akte hervorgerufen, in denen »feierliche Erhabenheit und Würde gepaart sind mit Genuß und außergewöhnlicher Schönheit« (Cicognara). Auch die durchdachten und festgehaltenen Bewegungn dieser Figuren, die einander fast tanzend streifen, ohne sich jemals ungestüm zu umklammern, vermitteln eine solche Sinnlichkeit. »Diese Liebenden sprechen miteinander über irgendetwas, spielen mit einem Kranz oder einem Schmetterling, sinnen gemeinsam, aber begehren einander nicht« (Zeitler, »Klassizismus und Utopia«, 1954)**.

Das in der Körperlichkeit der Gegenstände angestrebte Wesen der Liebesdarstellungen Canovas – wovon in der Skulptur vor allem das hervorgehoben wird, was der deutsche Philosoph Fernow in dem bekannten Verriß Canovas zwischen 1803 und 1806 »Lieblichkeit« nannte, die zum Verlust der gedanklichen Bedeutung der Arbeit führe – wurde schon von Canova näherstehenden Dichtern und Kritikern genau erfaßt.

Zu diesen Schriftstellern gehört Flaubert, der auf seiner Italienreise von der Gruppe mit »*Amor und Psyche*« in der Villa Carlotta am Comer See begeistert ist.» (. . .) in der ganzen Galerie habe ich nur das angeschaut; ich bin mehrere Male zurückgekehrt und zuletzt habe

* John Keats, »Gedichte. Auswahl«, aus dem Englischen übertragen und mit einem Nachwort von Heinz Piontek, Reclam Verlag, Stuttgart 1966, S. 51 f. und S. 43.

** Rudolf Zeitler, »Klassizismus und Topia. Interpretationen zu Werken von David, Canova, Carstens, Thorvaldsen, Koch«, Upsala 1954, S. 252.

ich das ohnmächtige Weib unter die Achsel geküßt, das seine beiden schlanken Marmorarme dem Geliebten entgegenstreckt. Und der Fuß! und der Kopf! und das Profil! Man möge mir verzeihen, das war seit langer Zeit mein erster sinnlicher Kuß; es lag noch mehr darin, ich küßte die Schönheit selbst; dem Genius galt meine glühende Begeisterung.«*

Ähnliche Empfindungen schildert Foscolo beim Anblick der »Venere italica« im Brief vom 15. Oktober 1812 an seine Freundin Isabella Teotochi Albrizzi: »Nun muß ich – und ich wollte, es bliebe mir kein Blatt – aber leider muß ich Euch erschüttert – und ich bin nicht leicht zu erschüttern – von der Venus Canovas berichten. Was soll ich sagen? Was nicht? Ich bin darin nicht erfahren, meine holde Gebieterin, (. . .) ich weiß die sachgemäßen und der Kunst angehörenden Ausdrücke nicht anzuwenden (. . .) – ich habe also diese neue Venus angesehen und wieder angesehen, sie umworben, berührt und – aber daß dies ja niemand erfahre – ich habe sie auch einmal liebkost. Es ist nicht nötig, daß ich sie nochmals ansehe, um Euch mein Urteil mitteilen zu können; sei es, weil ich, krank wie ich bin, unter der Flut solcher Mengen Wassers, die vorgestern den Arno auf seinem Weg durch Florenz über die Ufer treten ließen, das Haus nicht verlassen kann; sei es, weil ich das schöne Bildnis dieser Göttin vollständig im Geiste und im Herzen trage. – Und sie ist wahrhaftig schön! Aber Ihr müßt nicht glauben, sie strahle Göttlichkeit aus wie die andere, noch diese himmlische Harmonie: aber es scheint, als fürchte Canova den gewaltigen Wettstreit mit dem griechischen Bildhauer, wo er doch seine Göttin mit allen Reizen ausgestattet hat, die etwas sonderbar Irdisches ausstrahlen, die jedoch leicht das Herz bewegen, das ebenfalls aus Ton gemacht ist. (. . .) Als ich diese göttliche Gestalt Canovas erblickte, habe ich mich unverzüglich – mit einer gewissen respektvollen Vertraulichkeit – neben sie gesetzt, und als ich mich ein anderes Mal mutterseelenallein bei ihr befand, habe ich mich mit innigem Sehnen und mit tausend Erinnerungen im Herzen verzehrt: Kurz, wenn die Venus der Medici das Abbild des Göttlichen ist, so ist die, die ich mir immer und immer wieder ansehe, das Abbild des Weiblichen; die eine ließ mich das Paradies jenseits dieser Welt erhoffen, und diese verheißt mir das Paradies auch in diesem Tränental. – Was die genau durchdachte Arbeit ohne vergleichbare Vorbilder betrifft, so scheint es mir, als habe sich der Bildhauer in der sinnlichen Haltung des Halses, in der liebreichen Sittsamkeit des Antlitzes und der Augen und in der liebenswerten Begegnung des Kopfes selbst übertroffen. Aber obgleich die Sinnlichkeit, die Sittsamkeit und die Liebe himmlische Gaben sind, durch die unsere erbärmliche und traurige Natur bisweilen am Göttlichen teilhat, sind sie doch immer Gaben, die an die Menschlichkeit erinnern.«

Zu den eindrucksvollsten Kommentaren gehören diejenigen von Cicognara, die in seinen Briefen an den »wunderbaren und unvergleichlichen Freund« festgehalten sind.

Im Juli 1813 schreibt er ihm aus Paris über die »Tänzerin, mit den Händen in den Hüften« und den »Paris«, die für die Kaiserin Josephine Bonaparte ausgeführt worden waren, folgendes: »Ich werde Euch erzählen, wie die Kaiserin Josephine mir lange voll Bewunderung, Leidenschaft und – ich möchte auch sagen: – Ergebenheit von Euch sprach. Sie ist über den Besitz Eurer Tänzerin und Eures Paris auf besondere Weise beglückt. (. . .) Ich hatte die Tänzerin bereits in Eurer Werkstatt in Rom gesehen und begonnen, sie als Statue und als Frau zu lieben (. . .), aber den Paris kannte ich nicht. Welch wunderbarer Mittler zwischen Gott und dem Menschen und zugleich

* Gustave Flaubert, »Tagebücher«, (Einzige autorisierte deutsche Gesamtausgabe der Tagebücher aus dem Nachlaß Flauberts besorgt von E. W. Fischer), Potsdam 1919, 3 Bde., Bd. 1, S. 224.

welch göttliche Schönheit in diesen Formen! Wenn es wahr ist, daß die Gegenstände, die die Phantasie anregen, die Empfängnis der Spezies beeinflussen, müßte man eine Verordnung erlassen, daß jedem Ehebett gegenüber die von Euch in Marmor geschaffene Abbildung dieses Hirten aus Phrygien angebracht sein soll: Man würde der Menschheit damit eine große Wohltat erweisen (. . .). Wenn ich Euch als Künstler von diesem Werk sprechen wollte, muß ich Euch gestehen, daß ich nicht wüßte, wo anzufangen, Euch deren Schönheiten zu beschreiben (. . .): Es scheint, als habe der Künstler die Natur angehalten, die in dem Moment zurückweicht und sich verbirgt, in dem sie fürchtet, in ihrer feinsten Meisterschaft überrascht zu werden. All die sich ausbreitenden Teile kommen suchend zum Vorschein, bleiben jedoch vom Ganzen umhüllt, von der wundervollen Gesamtheit eingeschlossen. Die Hand sühnt mit süßem Tasten das, was das Auge kaum erfassen kann. Alle Sinne erfreuen sich einer Lust, die man eher erproben, als beschreiben kann: Der Meißel, der diese Statue bearbeitet hat, ist das Instrument, an das man sich bei ihrer Betrachtung kaum erinnert. Wenn man Statuen durch Streicheln des Marmor erschaffen könnte, anstatt ihn zu schneiden und auf bittere Weise Splitter von ihm abzusprengen, würde ich sagen, daß diese Statue geformt wurde, indem der Marmor, der sie umgab, durch die Kraft von Liebkosungen und Küssen langsam abgenutzt worden ist.«

»Ich habe auch die Muse von Sommariva gesehen,« schreibt er wenig später, »welche Reinheit des Stils, welche Reife und welch hoher Gedankenflug! Mit wieviel Anmut die griechisch-römischen – und nicht französischen – Kleider fallen und diese Glieder umhüllen! Welch liebliche Haltung und welch reizvoll gebogener Hals! Und wie geschmeidig bewegt sich die gesamte Linie dieser Person!«.

1812 teilt er ihm im Zusammenhang mit der »wirklich griechischen Helena« mit: »Mir scheint, daß man – um sie richtig zu verstehen – all die Stellen Homers lesen muß, die sich auf sie beziehen. Die Lippen haben eine gewisse Bewegung in ihren äußersten Winkeln, die ein wenig von dieser Tücke haben, die vom unschuldigen Lächeln der frühen Jahre ausgenommen ist, und ein wenig stolze Genugtuung und Wissen um ihre Schönheit. Bestimmt nicht aus Bescheidenheit lassen ihre gesenkten Lider sehr große Augen erahnen, deren geringfügige Öffnung in vollkommener Analogie zu der Bewegung der Lippen steht. Die edlen und schönen Linien des Halses und des Antlitzes sind von einer klassischen und strengen Schönheit, und man wird kein schöneres Oval finden können als diesen Kopf. Die Sinnlichkeit des Halses und jene Schwellung, die sich hingebungsvoll an ihrem Umfang erhebt, vermittelt eine zweifelsfreie Vorstellung von der Natur, die ihrem ganzen Körper eigen war, und von den Kämpfen, die wohl ausgetragen wurden, um ihn zu besitzen. Die kunstvoll und geschickt angefertigte – nicht der Willkür der Natur überlassene – Haartracht scheint aus wirklichen Locken zu einem Bild des Gefallens geformt zu sein und mit jener Verachtung des Meißels behandelt, die nur ein vortrefflicher Meister auszuführen weiß: Die Handgriffe sind ganz frisch, und es besteht nicht die kleinste Unebenheit mehr.«

Mythos und Wirklichkeit der Liebe werden von Canova – noch dem Sensualismus und dem Empirismus gemäß – als Erhöhung der visuellen und taktilen Formerfahrung verarbeitet. Aber die Darstellung des Spiels mit den Sinnen wird von dem neoklassizistischen Bildhauer auch als Anmut, als vitale Harmonie und Vermenschlichung des idealen Schönen verstanden, als »Milderung eines intellektualistischen Schemas, das gerade über den Verstand die Rechte des Herzens bewilligen und sie wieder als angenehm vorschlagen kann« (Gianni Venturi).

Dieses Verständnis des Liebesideals von Canova muß im kulturellen Umkreis Leopoldo Cicognaras, des Verfassers der »Geschichte der italienischen Bildhauerei« (»Storia della scultura italiana«) und theoretischer Überlegungen über das Schöne (von denen eine eben dem Thema der Anmut gewidmet ist), und Foscolos (des Verfassers des »Lobgesangs auf die Grazien« (»Lode delle Grazie«) situiert werden. Sicherlich nicht zufällig erfährt dieses Liebesideal seinen darstellerischen Höhepunkt in Canovas gefeierter Gruppe der drei »Grazien«.

»Für Cicognara wird der Zwiespalt zwischen Gefühl und Verstand in der Anmut aufgehoben, in der sich der Verstand das Gefühl aneignet und ihm Bedeutung zukommen läßt (. . .). Dieses Verständnis der Anmut, die sich von der Absolutheit des idealen Schönen unterscheidet, menschlich jedoch nachvollziehbarer ist, entspricht Foscolos Motiv der Grazien als Überbringer der Kultur und der Harmonie und Canovas Motiv der Grazie als sinnlich und irdisch, eher von der »schönen Natur« als von der idealen Schönheit geschaffen (. . .). Bei Cicognara wie auch bei Canova und Foscolo bleibt das Altertum kein statisches Modell einer Welt, sondern wird zur Vermutung über die Zukunft und zur gegenwärtigen Geschichtlichkeit von Anmut und Schönheit, die nicht nur als Urbilder, sondern als im Fortschritt begriffene Bilder verstanden werden« (Venturi).

Der Tod als »unbezwingliche Entfernung«

Dem Themenkomplex Liebe – Leben steht im Werk Canovas das Thema des Todes gegenüber, das »in wechselweise feierlichen, anmutigen oder heiteren Gestalten« allgegenwärtig ist, schreibt der Kritiker Starobinski 1981.*

Canova bearbeitet das Motiv des Todes in seinen Kompositionen der Grabmale und in einzelnen, sowohl weltlichen als auch religiösen, Entwürfen.

Das Grabdenkmal nimmt im Oeuvre Canovas eine zentrale Rolle ein, wobei er vor allem zwei Grabtypen ausführt: das architektonische Denkmal und die Stele. Während er in der Stele die klassische Form wiederbelebt, sind in seinen Denkmalen auf originelle Weise die barocken Muster überarbeitet.

Die Grabstelen Canovas sind von denjenigen angeregt, die »sich entlang der Straßen aufreihen, die aus den griechischen Städten führten« (Honour).

Auf diesen Hochrelieftafeln unterstreicht Canova die Bedeutung der in Erinnerung gerufenen und abgebildeten Persönlichkeiten, den Adel ihres Wesens und das moralische Beispiel, das sie ihren Nachfahren hinterläßt. »Die Betonung wird ausschließlich auf den Schmerz des Überlebenden gelegt, das bedeutsamste Opfer, das dem Toten gebracht wird«. Angesichts dieser Arbeiten Canovas »muß man sich das bedeutendste poetische Werk Foscolos mit seiner in den folgenden Zeilen formulierten zentralen Aussage in Erinnerung rufen:

. . .Auch, es blüht
Auf Gräbern keine Blume, wenn das Lob
Der Menschen sie nicht ehrt und Liebesthränen!**«

Auch wenn die Grabmale Canovas teilweise mit denen des Barock vergleichbar sind, unterscheiden sie sich doch durch eine neuartige allgemeine Konzeption des Raumes und durch eine andere Art, die Figuren an dem Bauwerk anzubringen.

* Jean Starobinski »Canova und die abwesenden Götter«, in: Ders., »1798. Die Embleme der Vernunft«, Schöninger Verlag, Paderbron, 1981, S. 123.

** Ugo Foscolo, »Die Gräber«, in: »Parini, Alfierei, Monti, Foscolo, Manzoni«, Übersetzungen und Studien von Paul Heyse, Berlin 1889, S. 339.

Vollständig überwunden ist der der barocken Ganzheitlichkeit eigene Illusionismus, der durch symbolisch-eindringliche Bezüge wirksam wird. Auch die Skulpturen bilden keine Gesamtheit mit dem baulichen Teil mehr, sondern erhalten als plastische Objekte eine eigene Realität, die in ihrer körperlichen und materiellen Verfeinerung zum Ausdruck kommt.

Der Umgang mit dem Thema Tod, sei es in den vor der klassischen Tradition beeinflußten Grabstelen, sei es in den architektonischen Denkmalen sowie zuletzt in den vereinzelten Gruppen (»Die Beweinung Abels«, »Der Tod des Priamus«, »Die Beweinung Christi« usw.), zeigt an, daß der Künstler »uns weniger das Emblem des Todes (. . .) als vielmehr eine Darstellung des Sterbevorgangs selbst hat vorlegen wollen: ein fließender Akt, bei dem das Wesen sich auf einer unsichtbaren Woge forttragen läßt.« (Starobinski, *Canova und die abwesenden Götter*, 1981).* Die Schatten wird zum Zentrum der Grabdarstellungen Canovas, nicht nur als »großes Bezugssystem von sich hinter den Figuren überkreuzenden oder zwischen diese gestellten leeren Räumen«, so Starobinski weiter. Er ist auch die »unbezwingliche Entfernung«, der »Eindruck einer unerreichbaren Innerlichkeit«, die »Tiefe«, die sich hinter den geschlossenen Augen anzeigt; (. . .) die unsichtbare Macht, der sich Thanatos mit einem vollkommenen Glücksgefühl hingibt. Der Schatten ist nicht als solcher gegenwärtig; er wirkt unausgesprochen hinter den Oberflächengestalten in der unsichtbaren Verkettung des Werkes.«

Die Darstellung des Sterbens in der Bildhauerei Canovas findet ihre geistigen Entsprechungen in dem Gedankengut seiner Zeit, gerade auch dem der aufklärerischen Kultur. »Was erreicht jene Unbeweglichkeit oder jene Absolutheit, von der wir uns in unserer begrenzten Vorstellung kein anderes Bild machen können, als die Absolutheit des Todes?«, fragt sich Argan. »Die Vorstellung, das Denken, das als übernatürlich und als – insofern es sich nicht aus einem rein geistig-seelischen Urbild ableitet – absolut verstanden wird, vermittelt eine Idee, die das Überschreiten der Grenze des Bewußtseins, des Diesseits ist. Wenn man an die Entwicklung des Gedankenguts und der Kultur Europas in diesem Abschnitt des 18. Jahrhunderts und dem Beginn des 19. Jahrhunderts denkt, sieht man, wie das gesamte europäische Denken annähernd dieselbe Entwicklung durchmacht. Es geht vom Sensualismus und vom Empirismus (Locke, Hume) zum Idealismus und zum Transzendentalismus (Kant) über. Canova spiegelt eben diesen Übergang vom frühen senusalistischen und empiristischen Kant zum Kant der »Kritik der reinen Vernunft« und der »Kritik der Urteilskraft« wider.«

Im Zusammenhang mit der Verbreitung der Todesthematik in der aufklärerischen Welt, schreibt wiederum Honour: »Im Tod trifft jeder auf das Erhabene, wie gebildet oder verschlossen er sich auch bis dahin verhalten haben mag. Eine Szene um ein Sterbebett herum hätte im späten 18. Jahrhundert schwerlich einem Kritiker den Begriff »erhaben« entlockt. Diderot fand das Gemälde »Väterlicher Fluch« von Greuze jedoch »schön, sehr schön, erhaben«, und Grimm hielt das Gemälde Davids »Die Klage der Endromache um Hektor« für »die bewegendste, erhabenste und gefühlvollste Szene«, die er je gesehen habe.

Selten war der Tod ein so verbreitetes literarisches Motiv (. . .). In der Malerei gibt es den Tod von Hektor, Sokrates und Miltiades, den Tod der Schwester der Horatier und der Söhne des Brutus, denjenigen von Virginia, Septimius Severus, Marat und vielen anderen. Der Tod ist ein Bild, das sich in der Seele spiegelt: Die Todesszene ist angefüllt mit »Empfindungen, die in jeder Brust ein Echo auslösen«.

* Starobinski, a. a. O., S. 124.

Und der Künstler auf der Suche nach einem allumfassenden – entweder heroischen oder empfindsamen – Thema, konnte dieses in dem Adel und der Ruhe des sterbenden Helden finden.

(. . .) »Der Tod, mein Sohn ist eine Gnade für alle Menschen«, sagt der Erzähler von *Paul und Virginie*. »Er ist die Nacht dieses unruhigen Tages, der Leben genannt wird. Im Schlaf des Todes ruhen die Krankheiten, die Schmerzen, die Kümmernisse und die Überzeugungen für immer, die es nie unterlassen, die unglücklichen Lebenden zu beängstigen.« (. . .)

Und Goethe berichtete, wie sehr er von der Schönheit des Gedankens verzaubert gewesen sei, daß die Antiken den Tod als Schwester des Schlafes anerkannten und beide so ähnlich darstellten, daß man sie wie Zwillinge verwechseln könnte.

»Die Gräber der Helden entzünden das Herz zu großen Taten«*

»Das Grabmal (und die Darstellung des Todes) ist eine Gegebenheit der Geschichte, ein menschliches Ausdrucksmittel, das mit einer ihm eigenen Freiheit arrangiert ist, über dessen unterschiedliche Ausführungen man ein Werturteil abgeben kann (. . .). Es liefert über die Verherrlichung der Großen und jener Helden, die durch ihre Bedeutung oder durch ihr Opfer Vorbilder für Verhalten und moralische Überlegungen abgeben, einen Bezugspunkt.« Dies wurde von Pagliaro in Zusammenhang mit Foscolo festgestellt, aber es läßt sich auch auf Canova beziehen.

Neben den Persönlichkeiten, die Canova in seinen bewegend oder tragisch gestalteten Grabmalen und einzelnen Gruppen in Erinnerung ruft und ehrt, befaßt er sich häufig und unabhängig davon, mit dem von den antiken Quellen angeregten Themenkreis des Heldentums.

* Foscolo, »Dei Sepolcri« (Über die Gräber), Vers 151 f.

Schon die frühe Gruppe von »Dädalus und Ikarus«, angefertigt in Venedig für den Senator Pietro Vettor Pisani, verherrlicht deutlich den Helden des Fluges.

»Der menschliche Flug«, kommentiert Argan, »war eine fixe Idee der Wissenschaftler und der wissenschaftlichen Dilettanten der zweiten Hälfte des 18. Jahrhunderts, so wie heute die Erforschung der Ausdehnung des Weltraumes. Was also das Thema betrifft, besteht kein Zweifel, daß die Gruppe Canovas in einer Reihe von – in dieser Zeit sehr verbreiteten – darstellenden und literarischen Werken angesiedelt werden muß, in denen einzelne Naturphänomene und wissenschaftliche Experimente mit Hilfe eines mythologischen Schlüssels beschrieben wurden: das berühmteste Beispiel hierfür ist die Ode, die Vincenzo Monti 1784 den Brüdern Montgolfier anläßlich ihres aufsehenerregenden Aufstiegs im Heißluftballon widmete. Die größte Wahrscheinlichkeit für den menschlichen Flug bestand noch immer in der mechanischen Nachahmung des Vogelfluges.«

Zu den anderen unvergeßlichen Heldenfiguren, die Canova aus dem Figurenrepertoire der Antike übernommen und in modernerer symbolischer Umdeutung wieder vorgeschlagen hat, gehören: Theseus, der den Minotaurus bezwingt, und der »rasende« Herkules.

Beide stellen sich als Verkörperung der Freiheit dar. Theseus ist nicht mehr die idyllisch-altmodische Figur des Liebenden, sondern das unangefochtene Symbol der Befreiung seines Volkes. Dies bestätigt Isabella Teotocchi Albrizzi deutlich, wenn sie schreibt: »Jeder Mann, der ihn bewundert, wünscht sich, ihm zu gleichen (. . .) er besiegt den Feind des Vaterlandes, das er mit dieser fruchtbaren Tötung von einem grauenvollen und beschämenden Tribut befreit.«

Auch Lichas, der in der stattlichen Gruppe des »rasenden« Herkules (über drei Meter hoch) dargestellt wird, kann als Allegorie der

»zügellosen« Freiheit angesehen werden. Von einigen Franzosen wird er bei deren Besuch von Canovas Werkstatt als der neue französische Herkules identifiziert, der die Monarchie stürzt. Diese Deutung veranlaßt Canova selbst zu der in einem Brief von 1799 an Roberti formulierten Frage: »Wie ihr wißt, habe ich in Rom an einer Gruppe gearbeitet, die den rasenden Herkules darstellt, der Lichas ins Meer wirft: Diese hat den gleichen Wert, wie der berühmte »Farnesische Herkules« (. . .). Könnte Lichas nicht für die zügellose Freiheit stehen?«

Die Helden Canovas entsprechen in der Regel den theoretischen Forderungen des Neoklassizismus: Es sind entblößte, zum Teil riesenhafte Figuren. Mit dem Akt beabsichtigt der Künstler, zur Natur zurückzukehren und die schmucklose Schlichtheit sowie die Wesentlichkeit des Ursprungs und der Ursprünglichkeit wiederzugewinnen. Das bedeutet nicht Wahrheit und Wirklichkeitstreue, sondern größtmögliche Annäherung an das Ideal, Befreiung von den zeitlichen Begrenzungen und Bemühen um seelische Läuterung.

»Mit dem Akt«, schreibt Diderot, »erinnert man an ein reineres und unverfälschteres Zeitalter, an ungezähmtere Sitten.« Und Lessing bemerkt in seiner Schrift *Laokoon:* »Ich gebe es zu, daß es auch eine Schönheit der Bekleidung gibt; aber was ist sie, gegen die Schönheit der menschlichen Form?«*

Die riesigen Ausmaße unterstreichen und verdeutlichen das Heldentum der Figur, die auf Grund ihrer ungewöhnlichen Tugenden Geschichte und Zeit überdauerte und sich zunehmend von den Menschen entfernte, um sich dem Göttlichen und ihrem Mythos immer weiter anzunähern.

Dennoch steckt in den Helden Canovas nicht die ideologische und programmatische Verbindlichkeit, die den französischen Maler David kennzeichnen, der ebenfalls unbegrenzte Bewunderung für den Bildhauer aus Possagno hegte (»Ihr habt für die Nachtwelt all das getan,« schrieb er ihm, »was ein Sterblicher tun kann«).

Bei Canova ist der revolutionäre Aspekt immer in der technischen Kühnheit, in der Erhöhung der formalen Gesichtspunkte enthalten.

Bezeichnend hierfür sind die Arbeiten für Napoleon. Sowohl in den Büsten als auch in den – zum Teil überlebensgroßen – Gesamtdarstellungen verfolgt Canova nie die Absicht, an dem schmeichelnden Kaiserkult teilzunehmen. »Ich halte Eure Statue für das kühnste Werk, das die Bildhauerei hervorzubringen vermag«, sagte ihm Quatremère de Quincy über das gerade fertiggestellte riesige Bildnis, das Napoleon eher weise-heldenhaft, denn kriegerisch-heldenhaft als Beherrscher des gesamten Europa zeigt.

Der Franzose bezieht sich hierbei auf die bei Canova sichtbare Verlagerung der Aufmerksamkeit von den symbolisch-ikonographischen Gesichtspunkten hin zu den technisch-formalen Ergebnissen der Skulptur. Diese Aufmerksamkeit entspricht überdies seinen Lebensgrundsätzen, die seine Biographie deutlich widerspiegelt. Diejenigen, die ihn in Paris darauf drängten, die Stellung als Hofkünstler anzunehmen, wehrte er standhaft ab: »Von früh an bin ich das Studium und die Einsamkeit eines gänzlich privaten und zurückgezogenen Lebens gewohnt. Meine Gesundheit ist – wenn sie nicht gepflegt und gehütet wird – recht schwach und mein Wesen empfindlich und übermäßig scheu. Ich sehe mich gänzlich außerstande, Gedanken zu ertragen, die nicht eng mit der praktischen Ausübung meines Berufes verbunden sind. Wenn ich diese Lebensweise ändern müßte, würde ich selbst und meine Kunst, für die allein ich lebe, sofort untergehen.«

* Gotthold Ephraim Lessing, »Laokoon oder über die Grenzen der Malerei und Poesie«, in: Ders., »Gesammelte Werke«, Aufbau-Verlag Berlin: 1955, Bd. 5, S. 57.

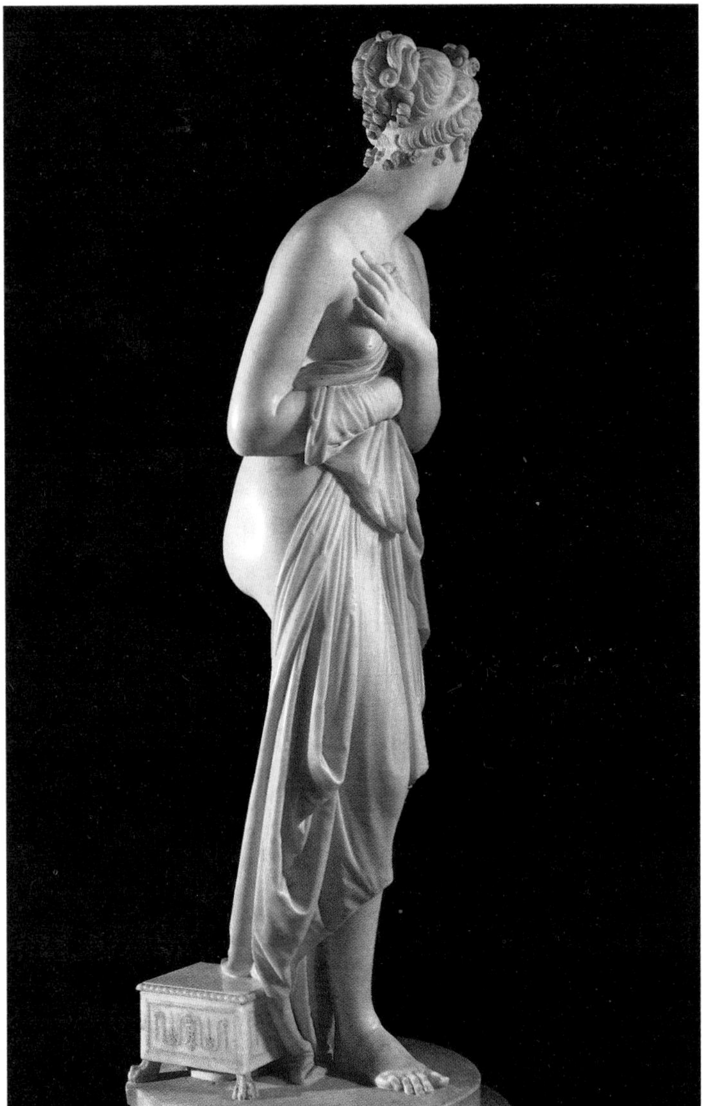

Die Marmorstatue »Venere italica« (Italische Venus) wurde zwischen 1804 und 1812 von Canova angefertigt und befindet sich in der Galleria Palatina in Florenz.

Unten zwei Abbildungen des »Selbstbildnisses«, das 1812 von Canova in Marmor gehauen wurde. Der Künstler, der zu dem Zeitpunkt fünfundzwanzig Jahre alt war, hat mit dieser Arbeit sein eigenes idealisiertes Abbild geschaffen, unberührt von den Zeichen des Alters, die jedoch in anderen Selbstbildnissen und in Darstellungen aus der Zeit dieser Büste auffallen. Diese Idealisierung wird zusätzlich durch die ungewöhnlichen Ausmaße betont. Canova hatte sich zu der Zeit bereits als Künstler einen Namen gemacht, wurde von Seiten der Päpste und Könige mit den angesehensten Ämtern betraut und als unangefochtener Meister einer ganzen Generation von Künstlern angesehen. Das »Selbstbildnis« befindet sich im Tempel zu Possagno, den Canova auf eigene Kosten in seiner Vaterstadt errichten ließ. Ebenfalls in Possagno wurde 1831 in der Nähe des Wohnhauses von Canova eine »Gipsoteca« eingerichtet, um die Gips- (und Ton-)modelle des Bildhauers aufzunehmen, die aus seiner Werkstatt in Rom hierher gebracht wurden. Rechts ein gleichermaßen idealisiertes »Portrait Canovas« von Thomas Lawrence, ein Ölgemälde von 1818, das sich im Haus des Meisters in Possagno befindet.

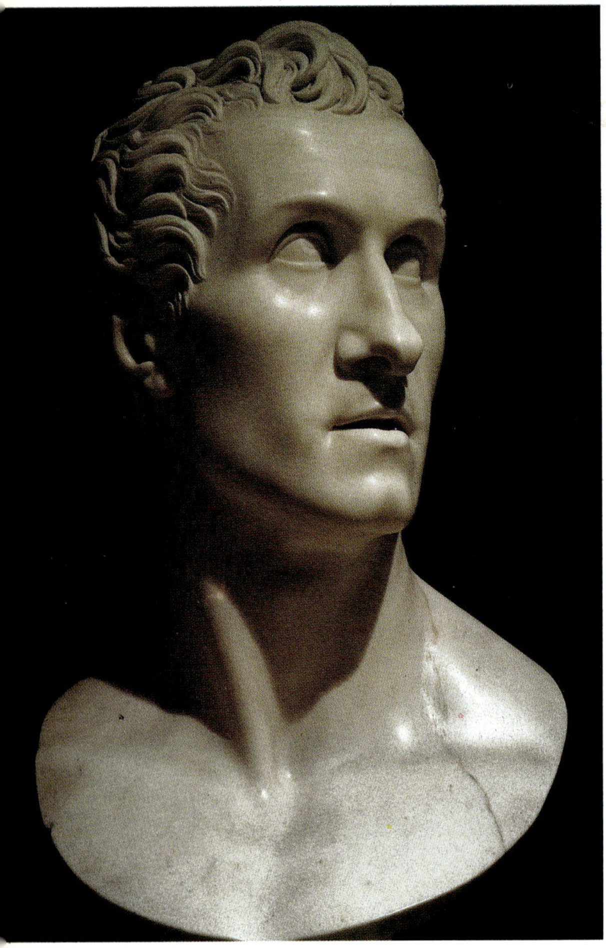

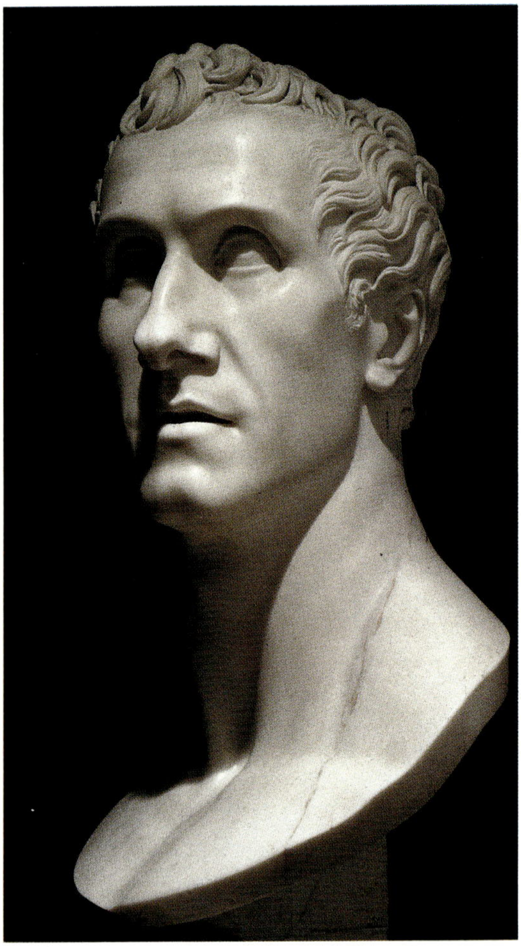

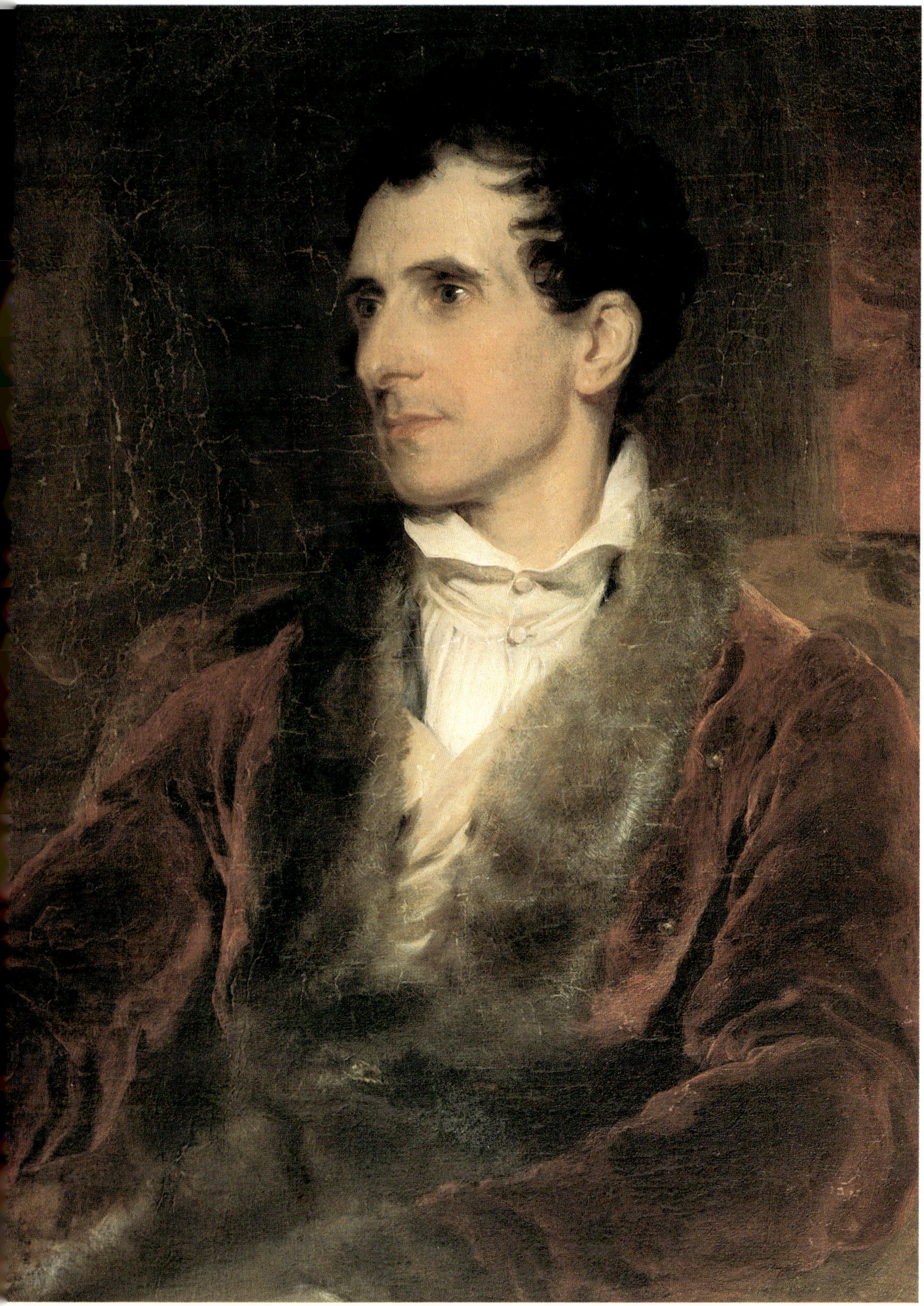

Einer der ersten Auftraggeber Canovas war Guiseppe Falier, der ihm 1773 die Anfertigung zweier Steinstatuen, »Orpheus« und »Eurydike«, für seine Villa in den Pradazzi di Asolo auftrug. »Eurydike« (Venedig, Museo Correr), (rechts), die zwischen 1773 und 1775 angefertigt wurde, ist dargestellt, wie sie im Begriff steht, von der Hand der Furie gepackt zu werden, die aus den Flammen des Hades emporsteigt. Auf dem Sockel ist folgender Satz eingeprägt: »Quis et me miseram et te perdit, Orpheu?« (Wer richtet sowohl mich Unglückselige als auch Dich zugrunde, Orpheus?). Es handelt sich um eine Figur, die in der Anlage und Modellierung noch der barocken Bildhauerei verpflichtet ist; insbesondere der nach hinten geneigte Kopf und die Geste der linken Hand sind typische Merkmale barocker Ausdrucksweise, die wahrscheinlich von den akademischen Studien des Bildhauers herrühren. In den späteren Arbeiten Canovas wird dieser sinnliche Einschlag, diese Suche nach ausdrucksstarker »Mitteilung« nie ganz verlöschen; er wird hier und da durchscheinen und als verborgener Zug auch die kontrollierteren Werke durchströmen.

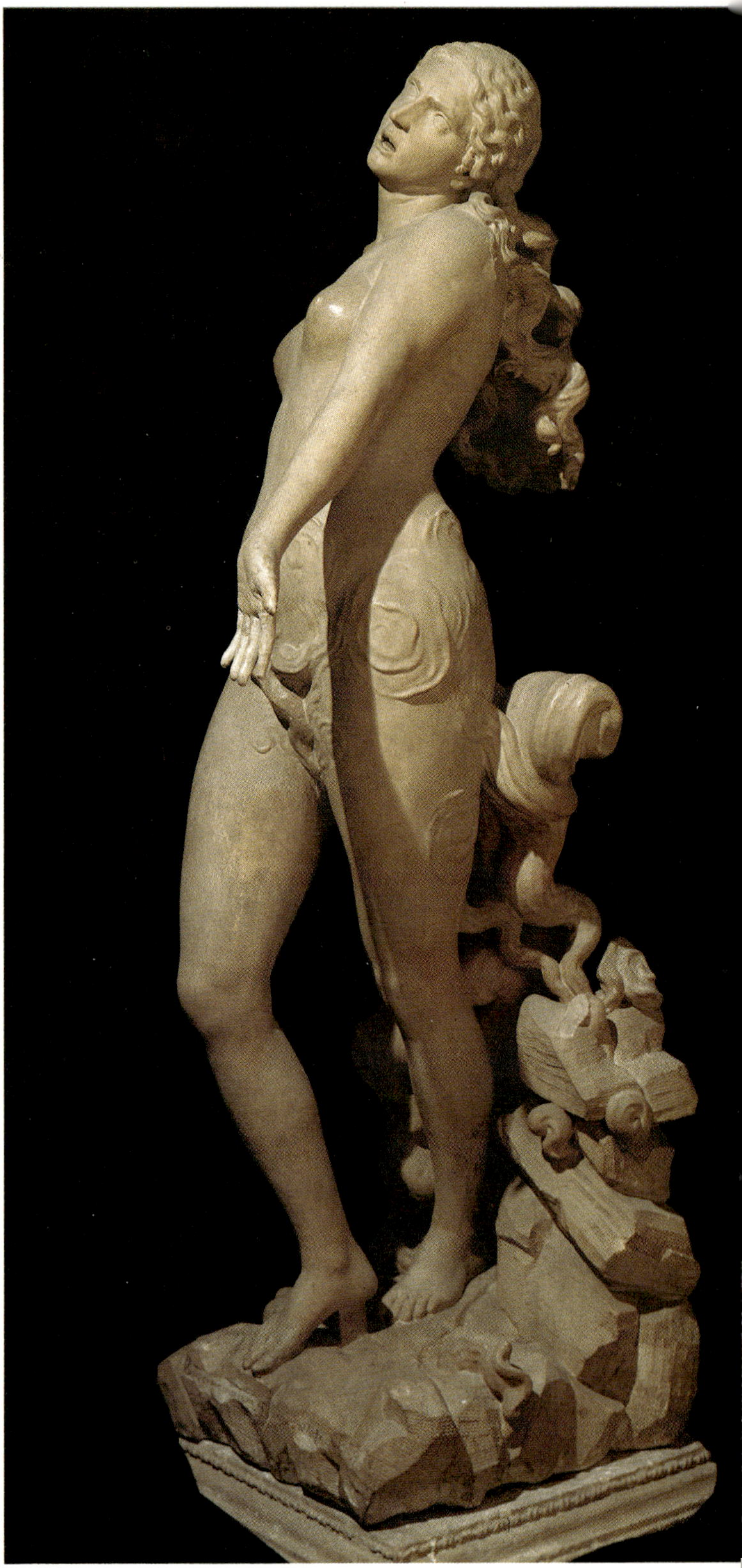

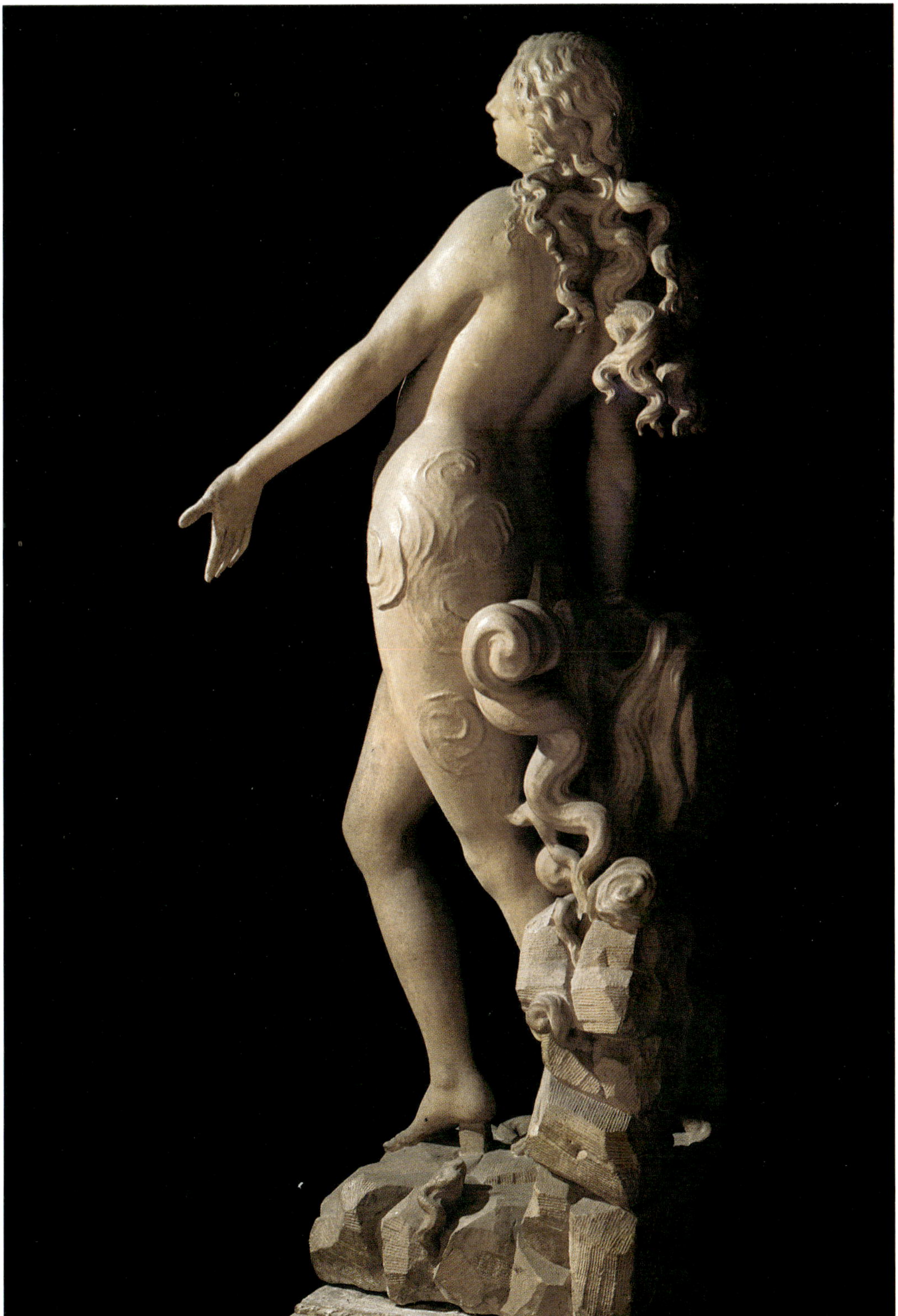

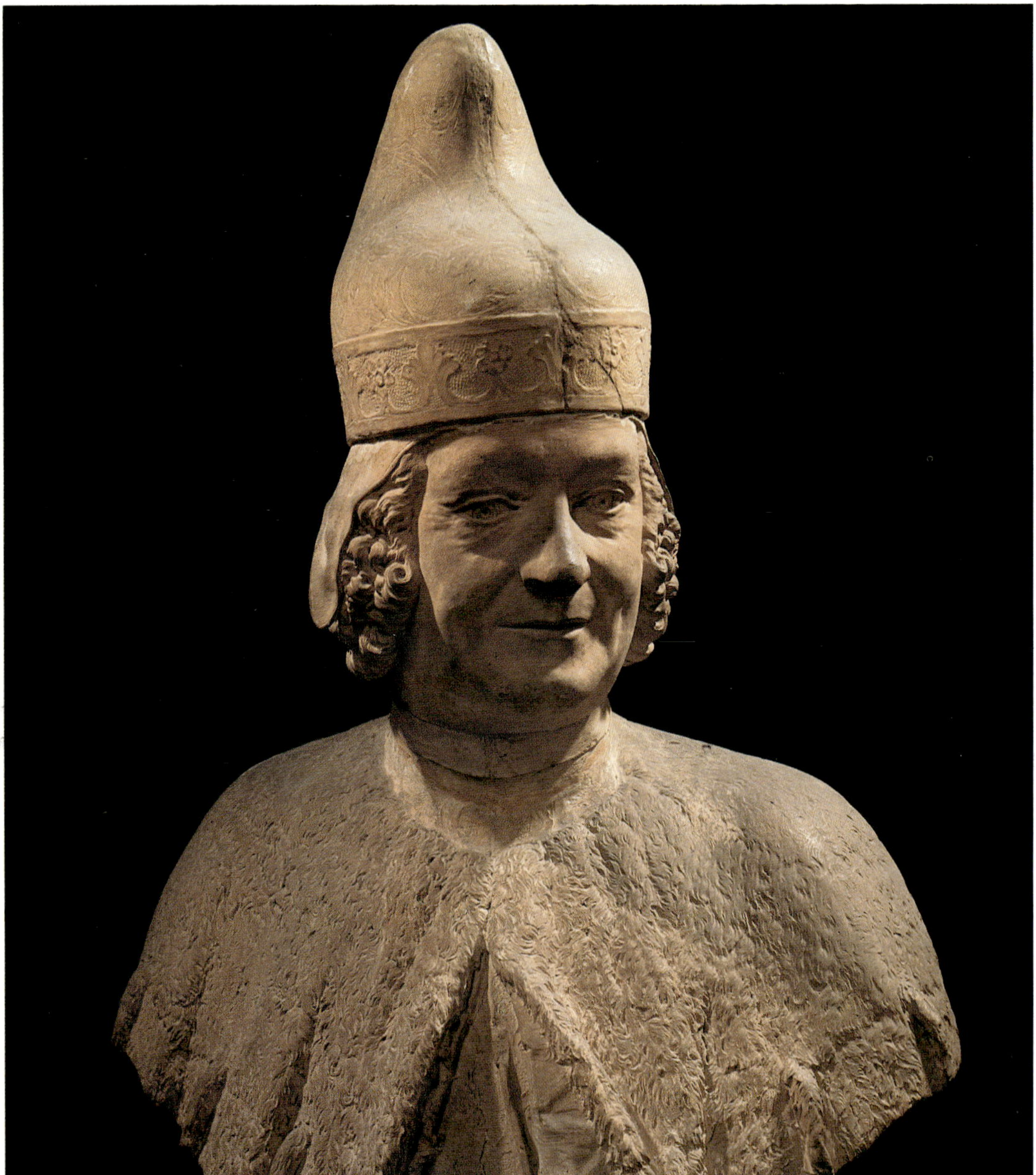

Links das »Bildnis des Paolo Renier« (Padua, Museo Civico), der 1779 zum Dogen von Venedig gewählt wurde. Die Tonbüste ist jedoch nach Meinung der meisten Wissenschaftler auf 1776 zurückzudatieren: nach der Ernennung zum Dogen sei die hornförmige Kappe, das Zeichen des hohen Amtes, nachträglich hinzugefügt worden. Unten eine Teilansicht der auf den beiden folgenden Seiten abgebildeten Marmorgruppe »Dädalus und Ikarus« (1777 – 1779, Venedig, Museo Correr). Sie wurde für die Fassade des venezianischen Palastes des Senatoren Pietro Vettor Pisani ausgeführt.

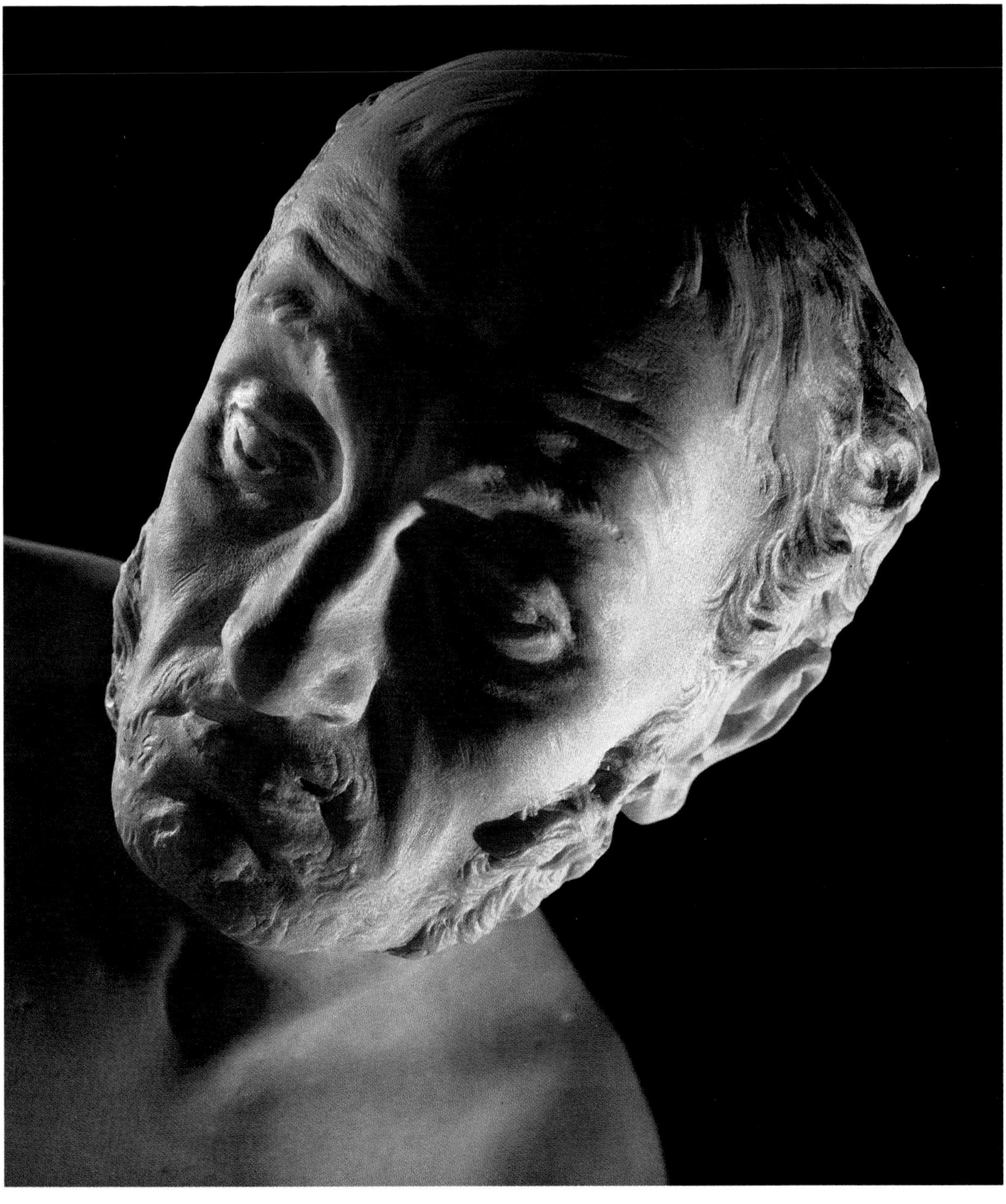

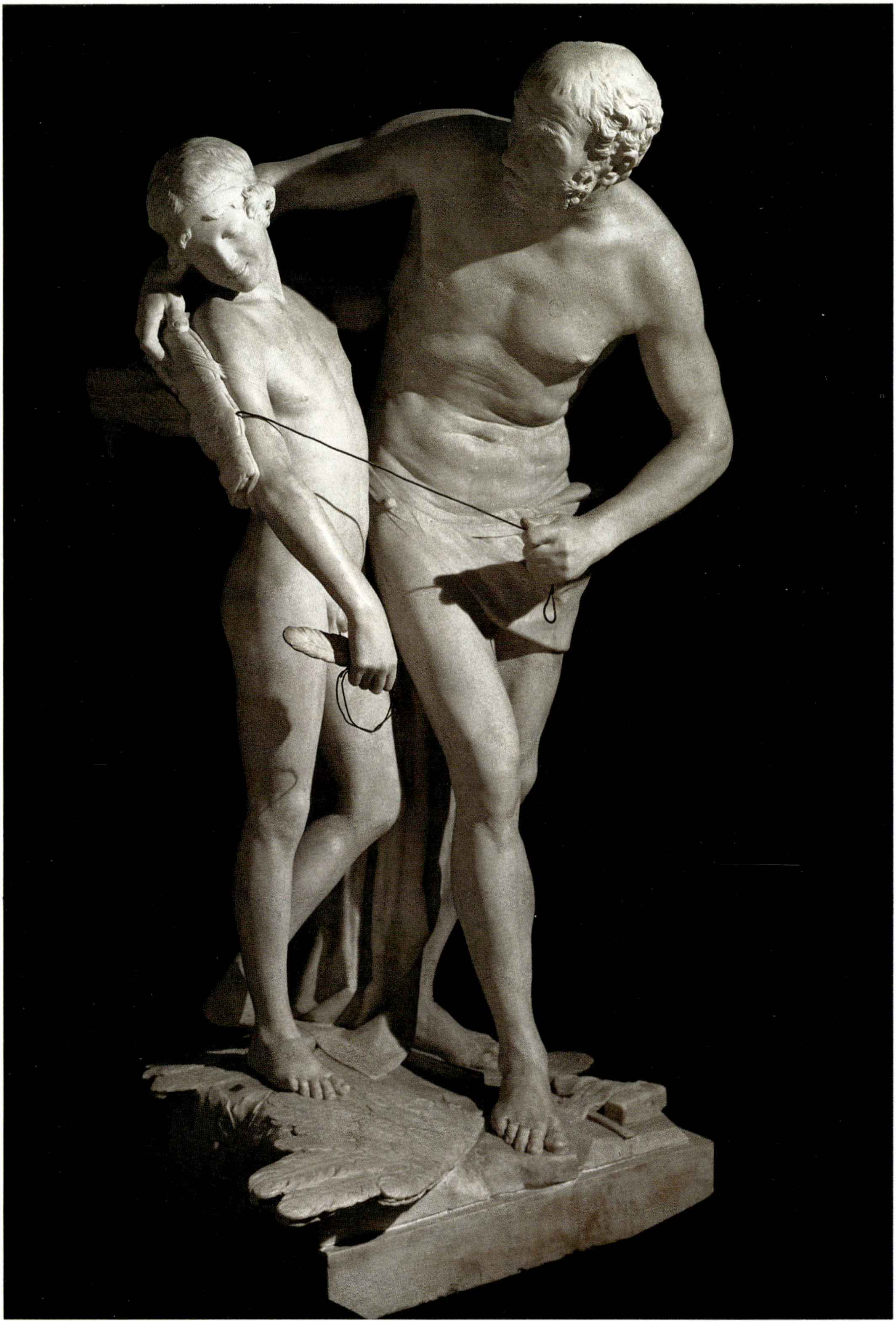

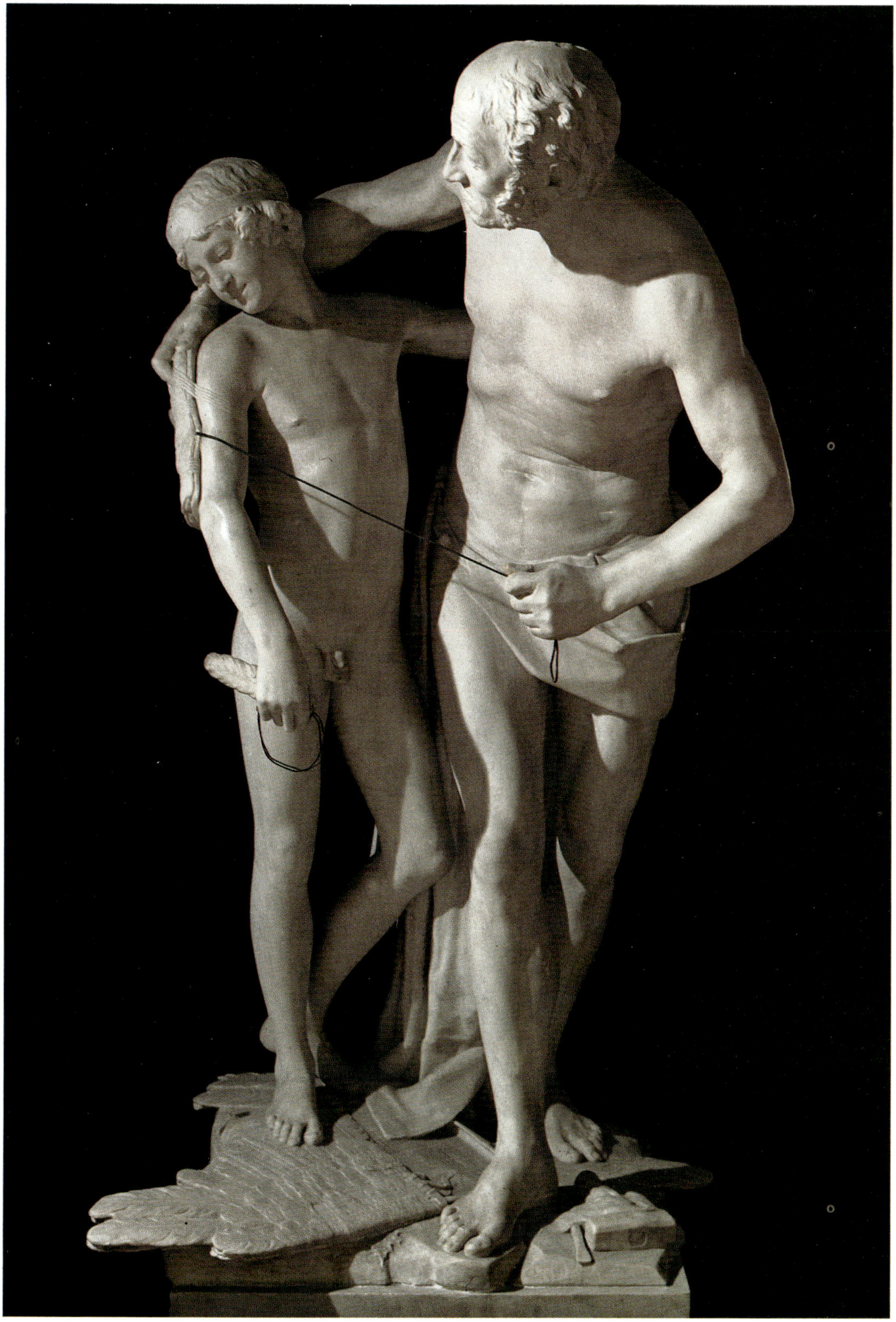

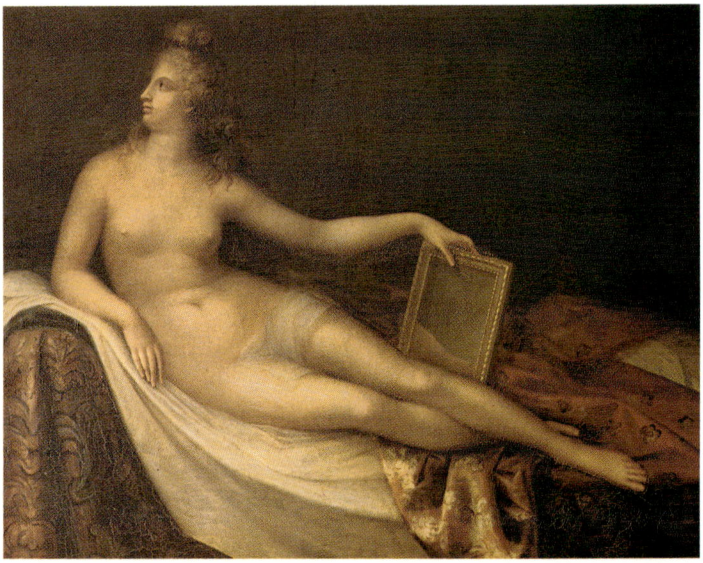

In Canovas eigenen Aufzeichnungen, die im Städtischen Museum von Bassano aufbewahrt sind, ist nachzulesen, daß der Künstler um 1780 begann, »nur zu seinem Vergnügen« zu malen. Der größte Teil seiner Gemälde wurde allerdings zwischen 1798 und 1799 ausgeführt; nach diesem Zeitpunkt sind keine weiteren Arbeiten in Öl belegt. Canova widmete sich der Malerei als einer kreativen Tätigkeit, nicht nur zum »Spaß«, wie im Falle dieser »Venus mit Spiegel« (Possagno, Gipsoteca), die von venezianischen Vorbildern aus dem 16. Jahrhundert beeinflußt ist. Sie wurde zwei Jahre lang in der Werkstatt des Künstlers aufbewahrt, bis sie eine Altersfärbung aufwies, und dann als Gemälde der venezianischen Schule verkauft. Diese Venus zeigt deutlich, daß Canova die Malerei zum Studium von Ideen und für Entwürfe benutzte, dazu bestimmt, bildhauerisch umgesetzt zu werden. Der Canova-Forscher Guiseppe Pavanello bemerkt zu dessen Malpraxis, daß »der Künstler thematische und formale Neuerungen – oft lange vor der bildhauerischen Verwirklichung – genau ausarbeitete und die geeigneten Proportionen weiblicher Schönheit definierte«.

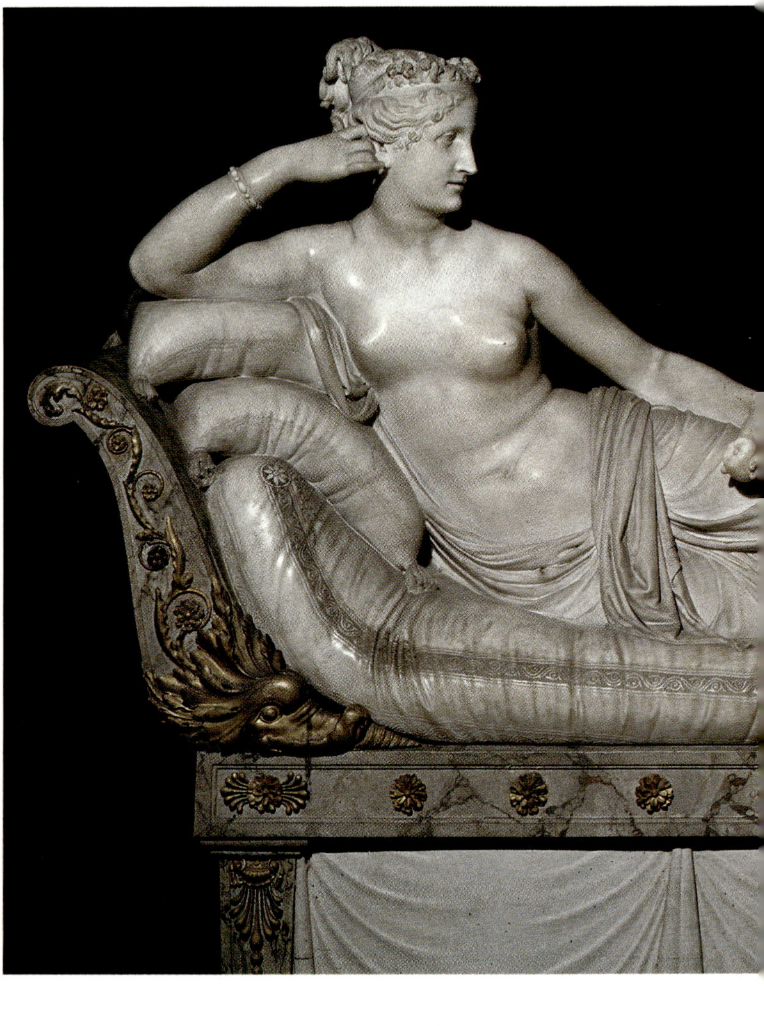

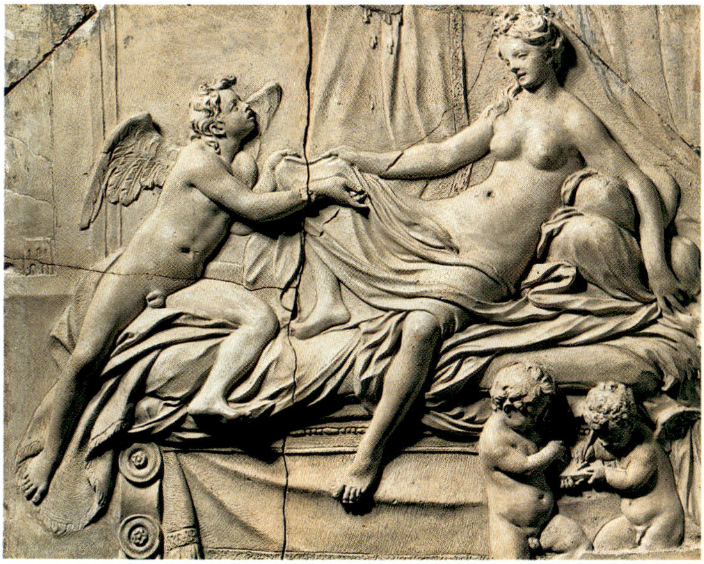

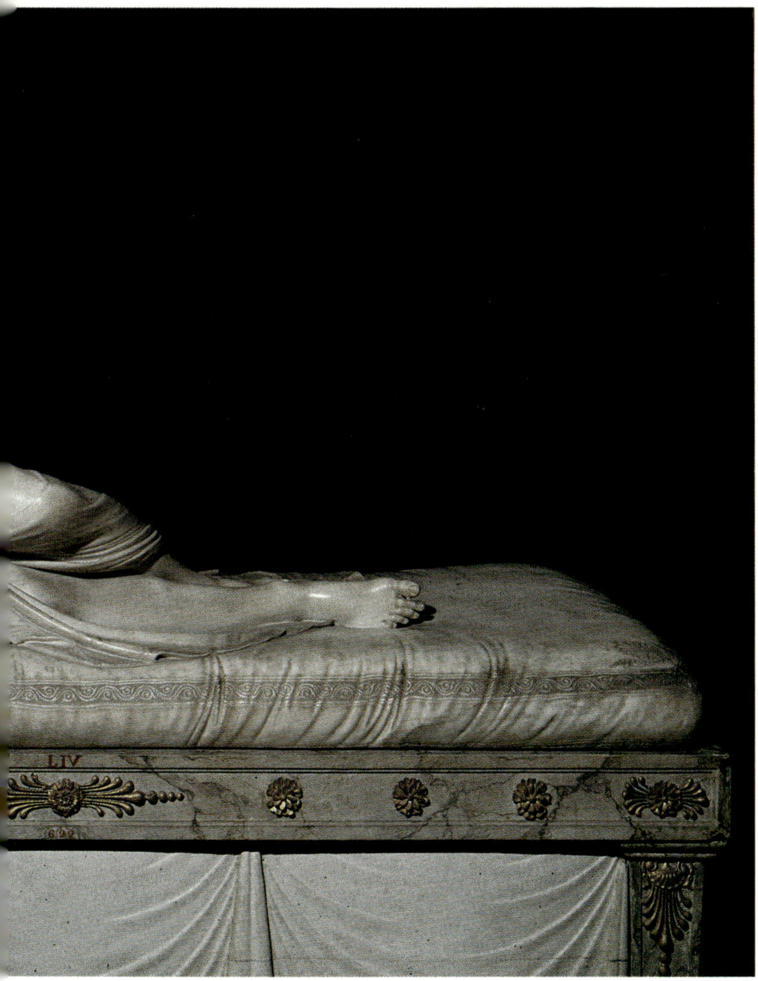

Das Interesse für diese »Form«, den entspannt ausgestreckten und dabei leicht aufgerichteten weiblichen Körper, hegt der Künstler schon seit einigen Jahren, wie die Reproduktion der »Danae« *in Ton (ca. 1780, Berlin-West, Staatliche Museen Preußischer Kulturbesitz, Skulpuren-Galerie; Foto des Museums) belegt. Dieses Interesse führt zu der weltberühmten Darstellung der »Paolina Borghese als siegreiche Venus« (Rom, Galleria Borghese). Sie wurde 1804 von Camillo Borghese bei Canova bestellt und bildet die Frau des adeligen Auftraggebers und Schwester Napoleons als Venus ab, die den von Paris erhaltenen Apfel hält. Nach Fertigstellung trägt der Künstler an den unbedeckten Körperstellen eine leicht rosa tönende Wachsschicht auf den Marmor auf, um einen echteren Eindruck von Hautfarbe zu bewirken. Auch in der Modellierung strebt Canova Natürlichkeit an, wie man bei der Rückenansicht der Paolina – auf den beiden folgenden Seiten – deutlich sehen kann. Die plastische Darstellung des Körpers wird naturgetreu und genau ausgearbeitet.*

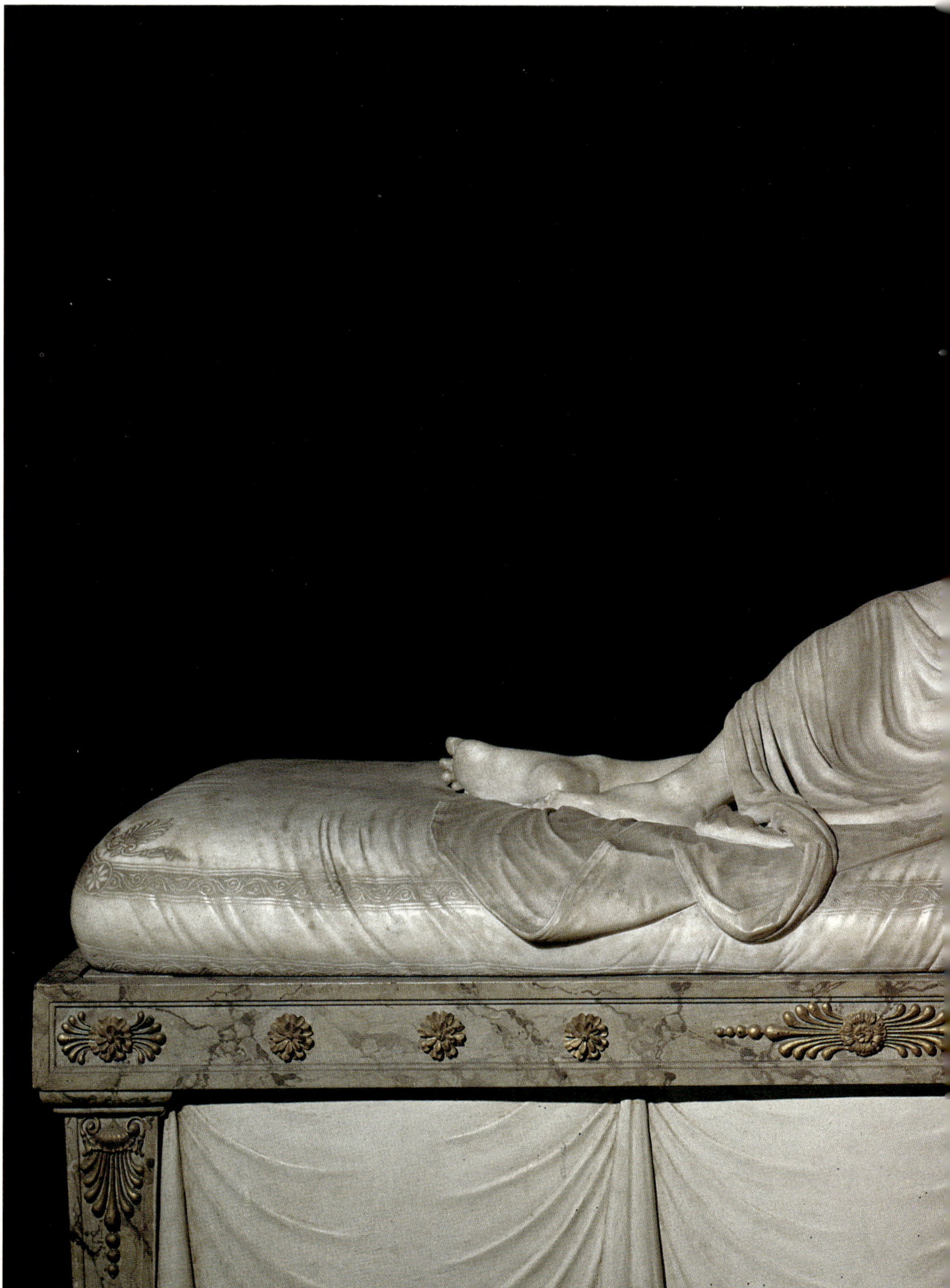

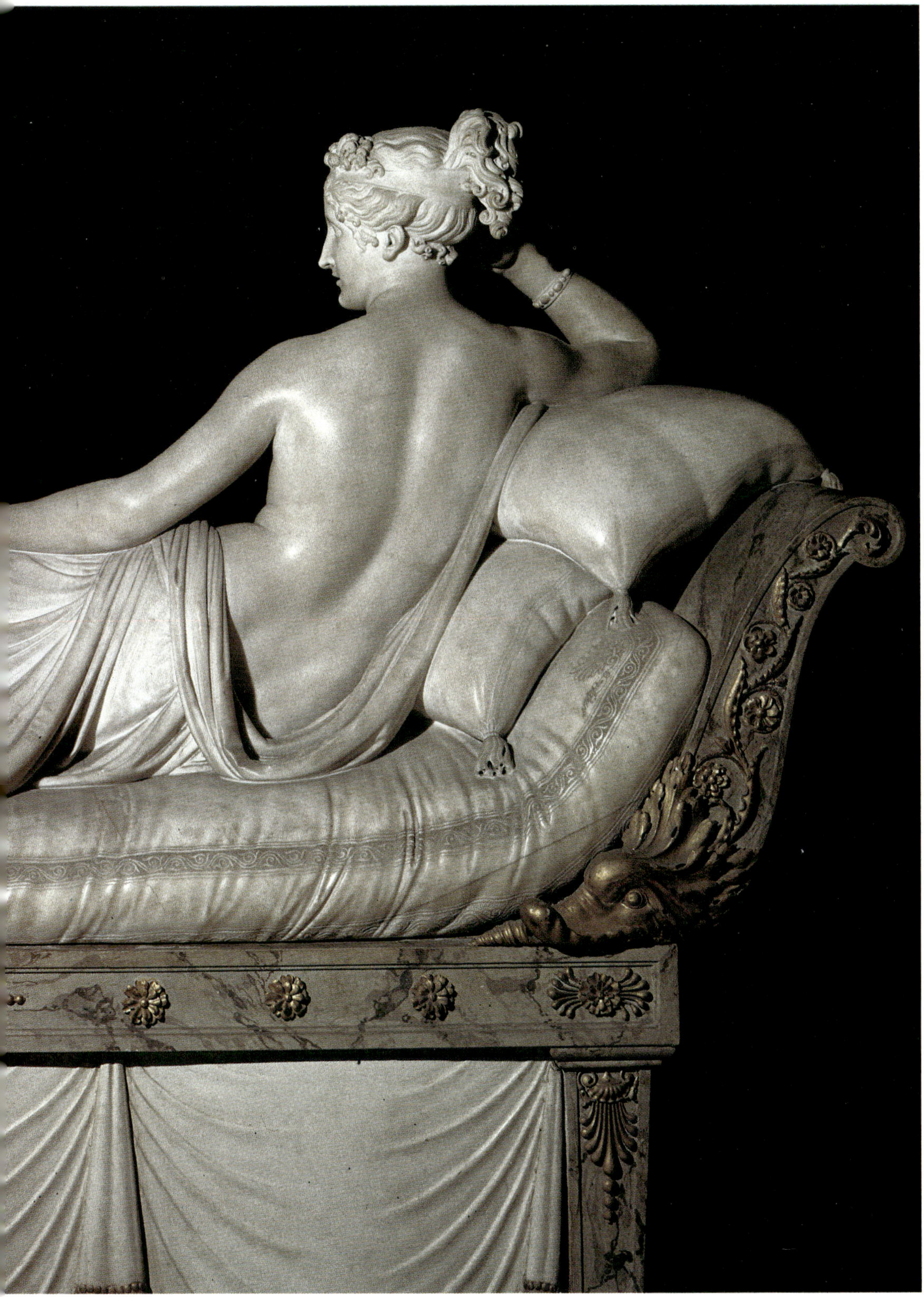

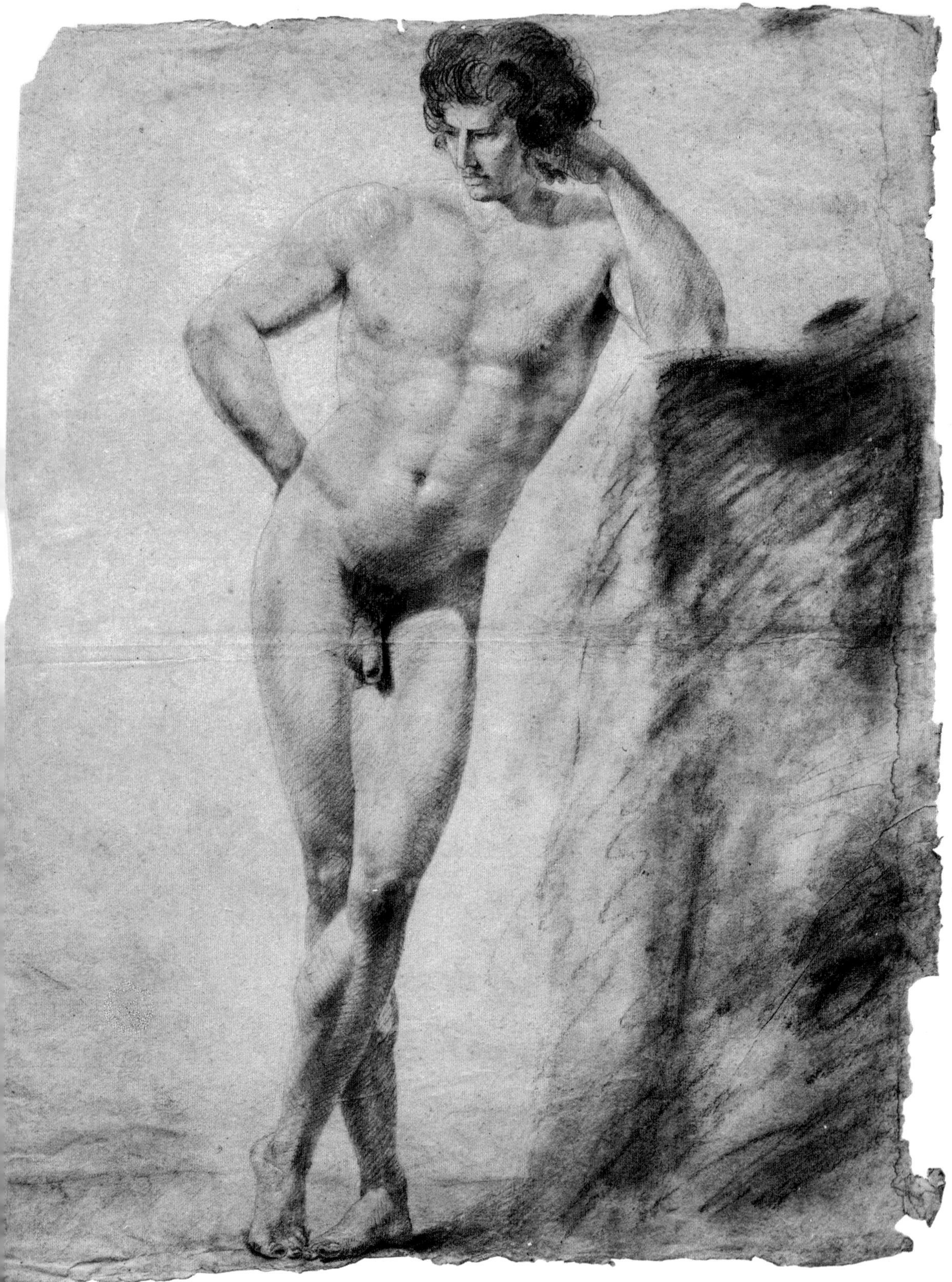

Links und rechts je eine Aktstudie, die sich beide im Städtischen Museum von Bassano befinden: eine stehende männliche Figur, die sich auf einen hohen Sockel stützt, und eine weibliche Figur mit erhobenen Armen. Diese Studien nach der Natur lassen sich mühelos als Akademiestudien erkennen, d. h. als Aktstudien im Sinne der Zeichentradition der Akademien. Dennoch kann man in ihnen Anzeichen von Originalität und typische Eigenheiten der Kunst Canovas ausmachen. Vor allem die Linienführung und die Schattierung verweisen nicht so sehr auf eine Auseinandersetzung mit der plastischen Wirkung der Figur, als vielmehr auf ein ausgeprägtes »malerisches« Feingefühl für das Licht und die Lichteffekte. Die Schattierung ist – vor allem an der weiblichen Figur – sanft und fast atmosphärisch und läßt die Beschaffenheit der »Haut« von Canovas Marmorwerken, jene leuchtende Schwingung, die die gelungensten Akte kennzeichnet, vorausahnen. Auch in der Herausarbeitung der Gesichtszüge ist die sichere und sensible Hand – die auch Empfindungen berücksichtigt – spürbar.

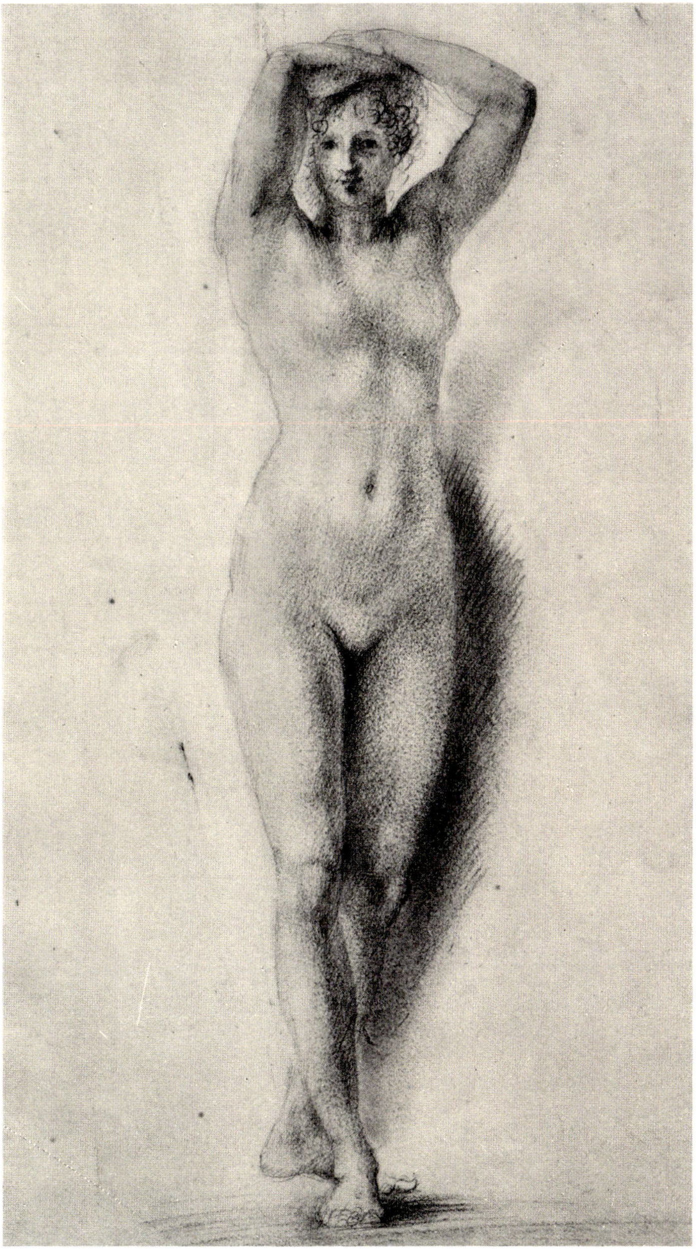

Auf diesen beiden Seiten sind zwei Federzeichnungen nach klassischen Vorbildern abgebildet, die sich im Städtischen Museum von Bassano befinden. Unter die Zeichnung zu einer der beiden Gruppen von »Kastor und Pollux«, die den Zugang zum Platz des Kapitols in Rom schmücken. Rechts, eine Zeichnung der Figur »Der berauschte Zentaur« in den Kapitolmuseen. Die Zeichnungen verweisen auf eine der Hauptquellen von Canovas Schaffen: das Studium der klassischen Kunst, das jedoch immer parallel zum Studium der Wirklichkeit und des menschlichen Körpers aufgenommen und vertieft wird. Auch in der »Erhöhung« des klassischen Denkmals ist die Strichführung sensibel und malerisch.

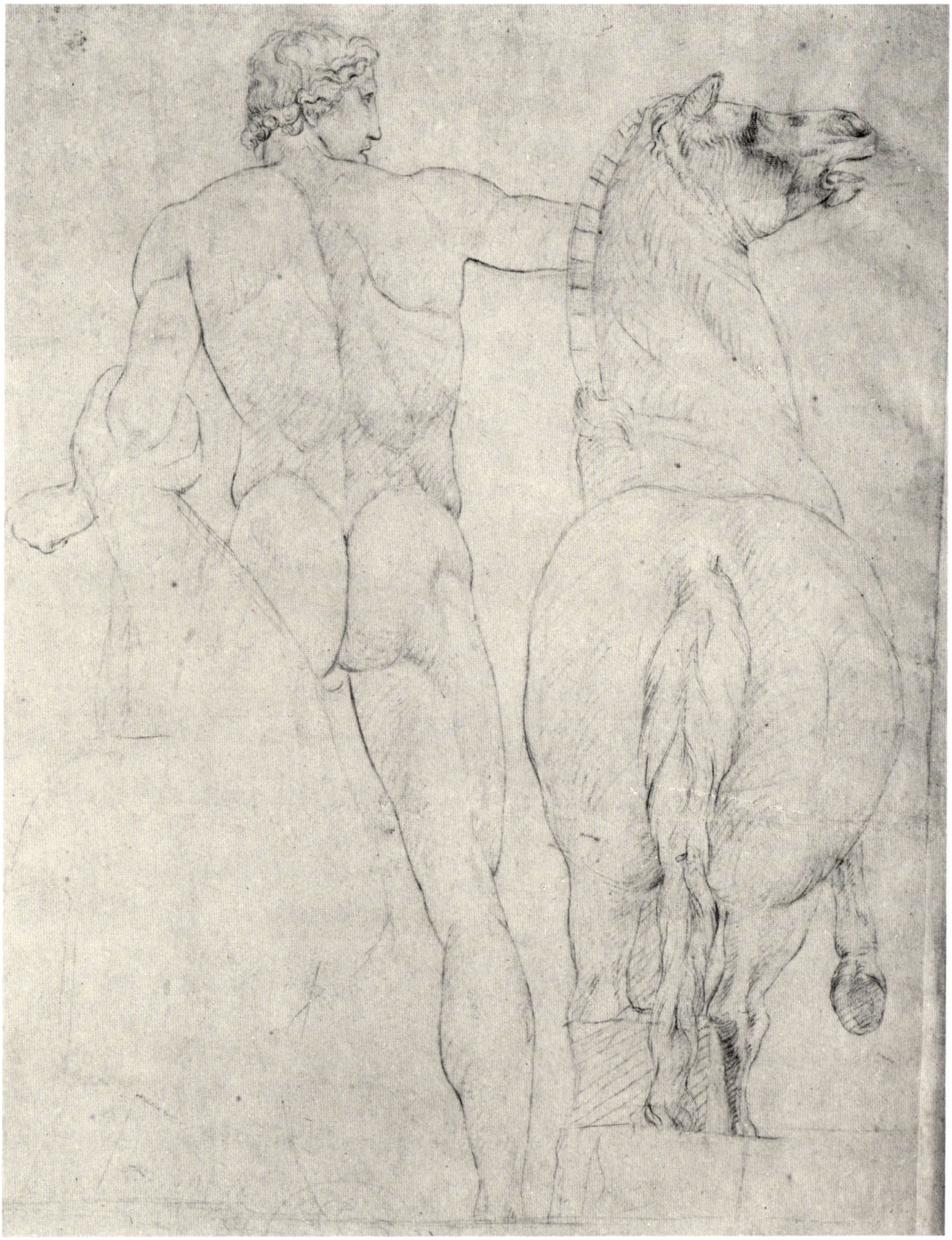

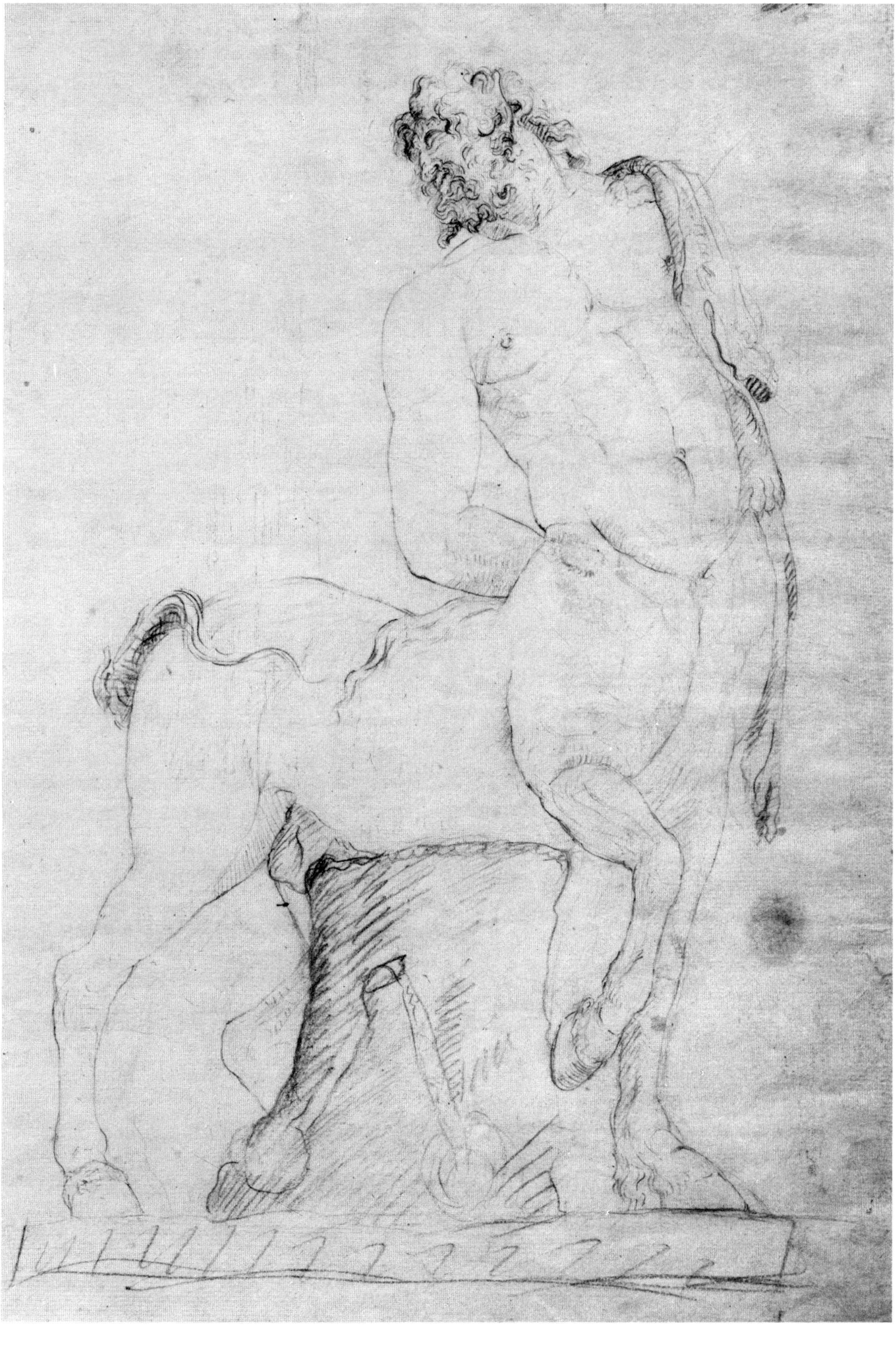

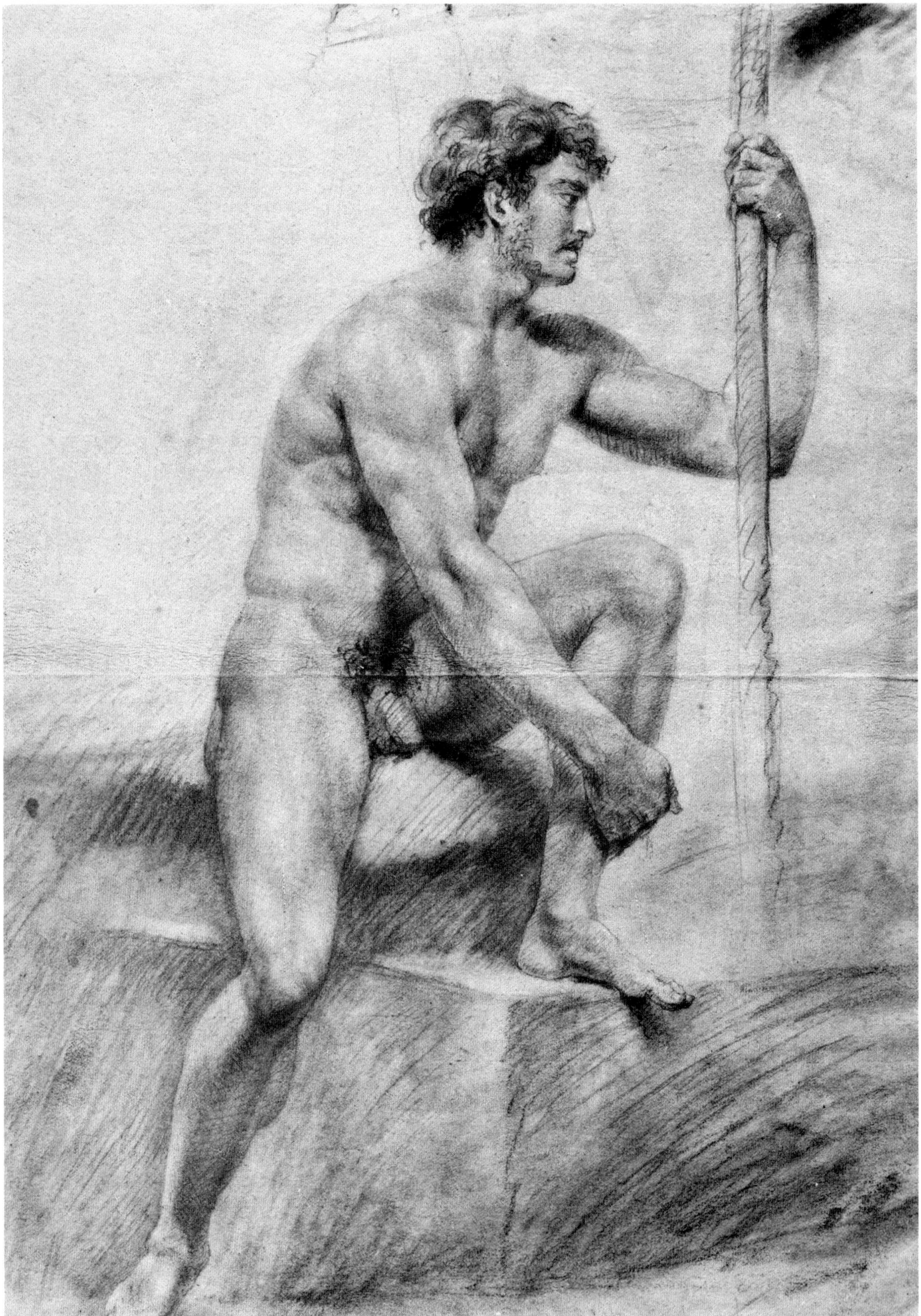

Links eine weitere Aktstudie Canovas, die sich im Städtischen Museum von Bassano befindet. Auf diesem Blatt zeigt die ausgearbeitete und vollendete Zeichnung ein Interesse Canovas an Wirklichkeitsnähe. Dieser Eindruck wird durch die betont realistische Modellierung des Kopfes unterstrichen. Rechts ein Blatt mit einer weiblichen Figur in drei verschiedenen Haltungen aus der Sammlung desselben Museums. Die Studie bezieht sich wahrscheinlich auf eine Theateraufführung. Eine Schauspielerin wird – als Frau der Antike – in drei aufeinanderfolgenden Momenten einer szenischen Sequenz erfaßt. Das Interesse Canovas für das Theater wird – außer durch dieses Blatt – durch unzählige Probezeichnungen für die Flachreliefserien mit literarischen Stoffen (aus Homer, Vergil und Platon) und durch die Flachreliefs selbst (die in Possagno zu sehen sind) belegt. In diesen erinnert die Zusammenstellung der Episoden – und besonders die Anordnung der Gestalten – an eine szenische Handlung, die vom großen klassischen Theater angeregt ist oder auch den genauen Ablauf einer Choreographie – in der Übereinstimmung von Gesten und Gebärden – annimmt. Das rege Interesse Canovas für das Motiv des Tanzes ist zudem aus den »tanzenden« Figuren ersichtlich: der »Hebe«, der »Tänzerin« (heute in Ottawa) und der Tempera-Serie von Tänzerinnen, die sich in der Gipsoteca in Possagno befinden.

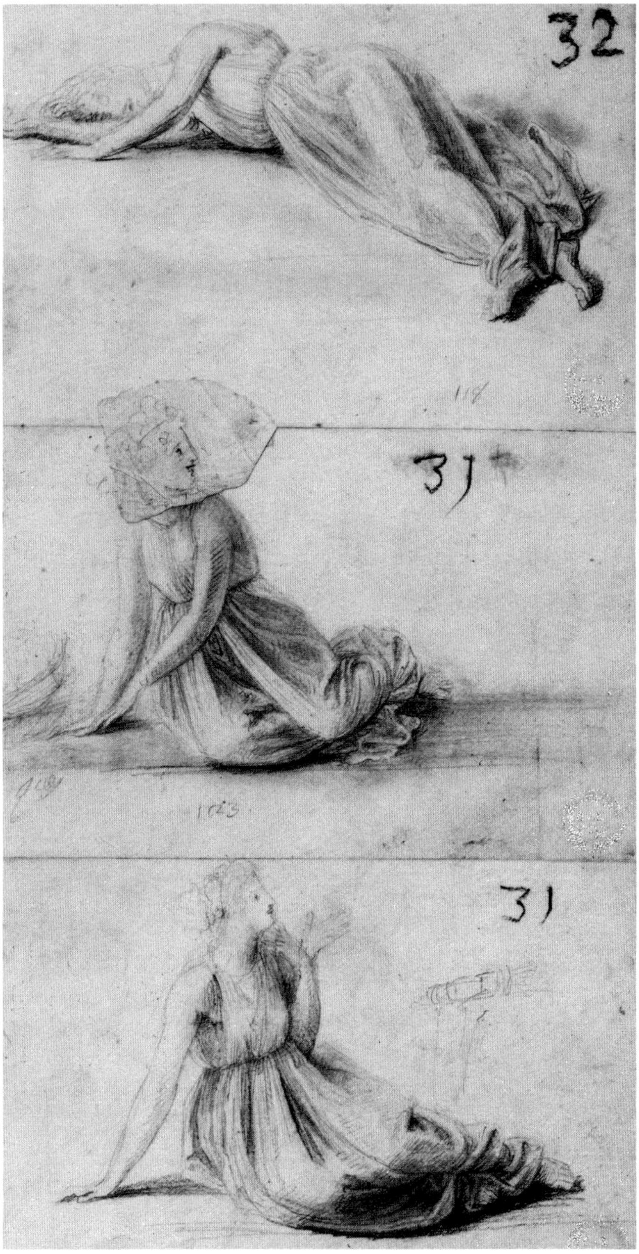

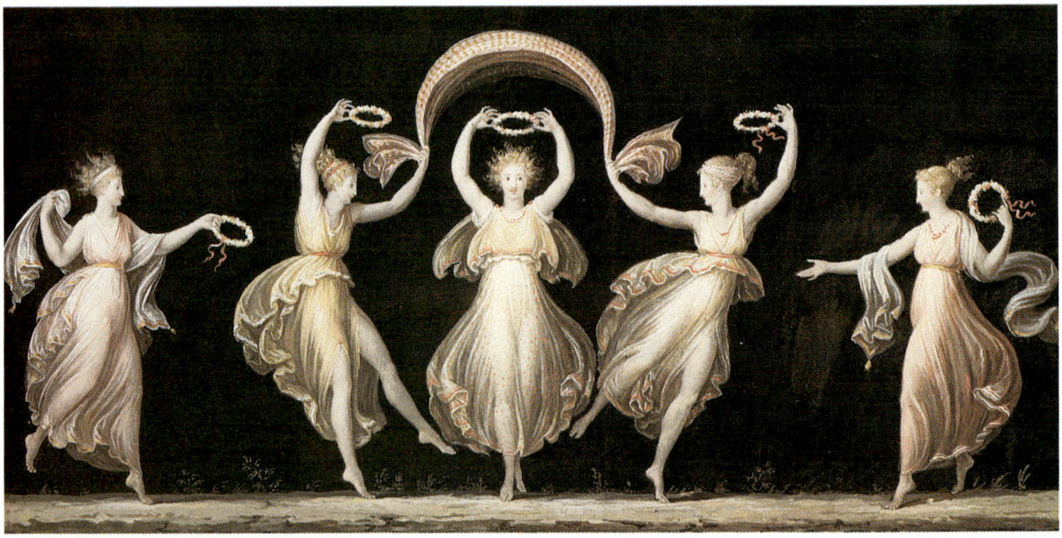

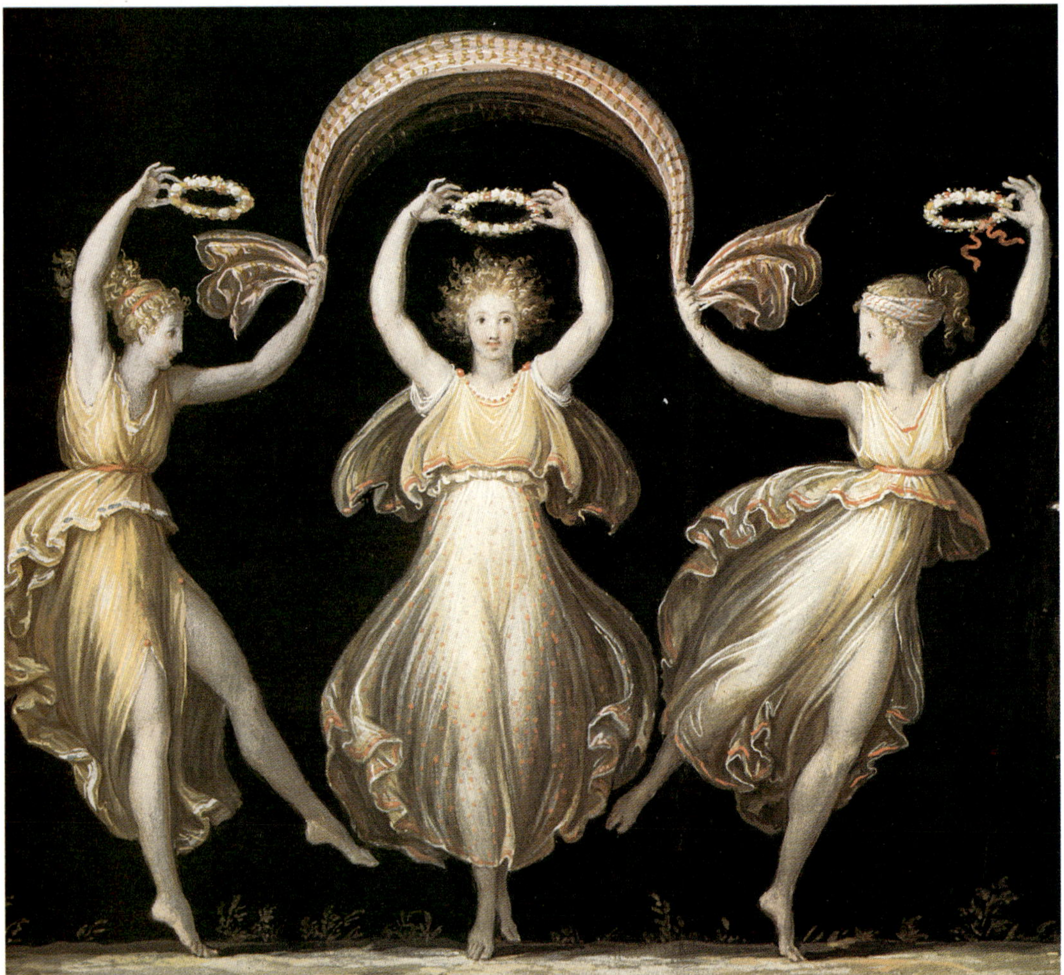

Zu den »heiteren« Arbeiten Canovas gehören die farbigen Temperamalereien auf schwarzem Grund mit Serien von Nymphen und Amoretten, von Musen und Philosophen und Dichtern und von Tänzerinnen. Sie wurden 1798 und 1799 ausgeführt und sind in Possagno zu sehen. (Links »Fünf Tänzerinnen mit Schleier und Kränzen«). In diesen amüsanten Szenen wird das Thema des Tanzes mit einer ausgeprägten Betonung des rein Formalen bearbeitet. Wirbelnder und unmittelbarer ist der Rhythmus der Probezeichnung zum »Tanz der Kinder des Alkinoos« (unten), die im Städtischen Museum in Bassano zu sehen ist.

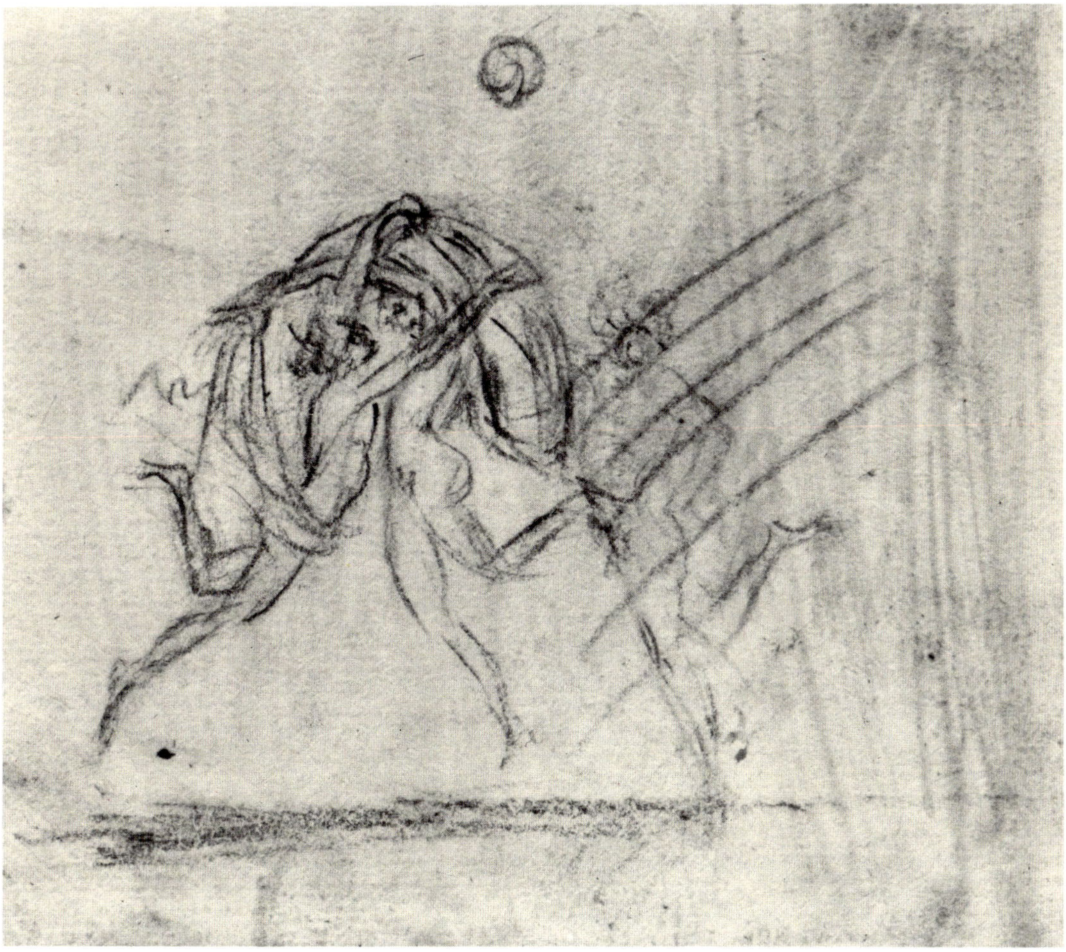

Auf den beiden folgenden Seiten drei verschiedene Abbildungen der »Hebe«, die in der kommunalen Gemäldegalerie (Pinacoteca Comunale) von Forlì steht. Es handelt sich dabei um die 1816 entstandene vierte und letzte Ausführung dieses Themas. Die erste (1796) befindet sich in der Ostberliner Nationalgalerie, die zweite (1800) in der Eremitage in Leningrad und die dritte (1808) in Chatsworth in der Devonshire Collection. Der Marmor der abgebildeten Figur wurde an den Hauptstellen mit einer gelblichen Patina getönt, durch einen Hauch von Rot auf den Lippen und Wangen belebt und mit Bronze verziert.

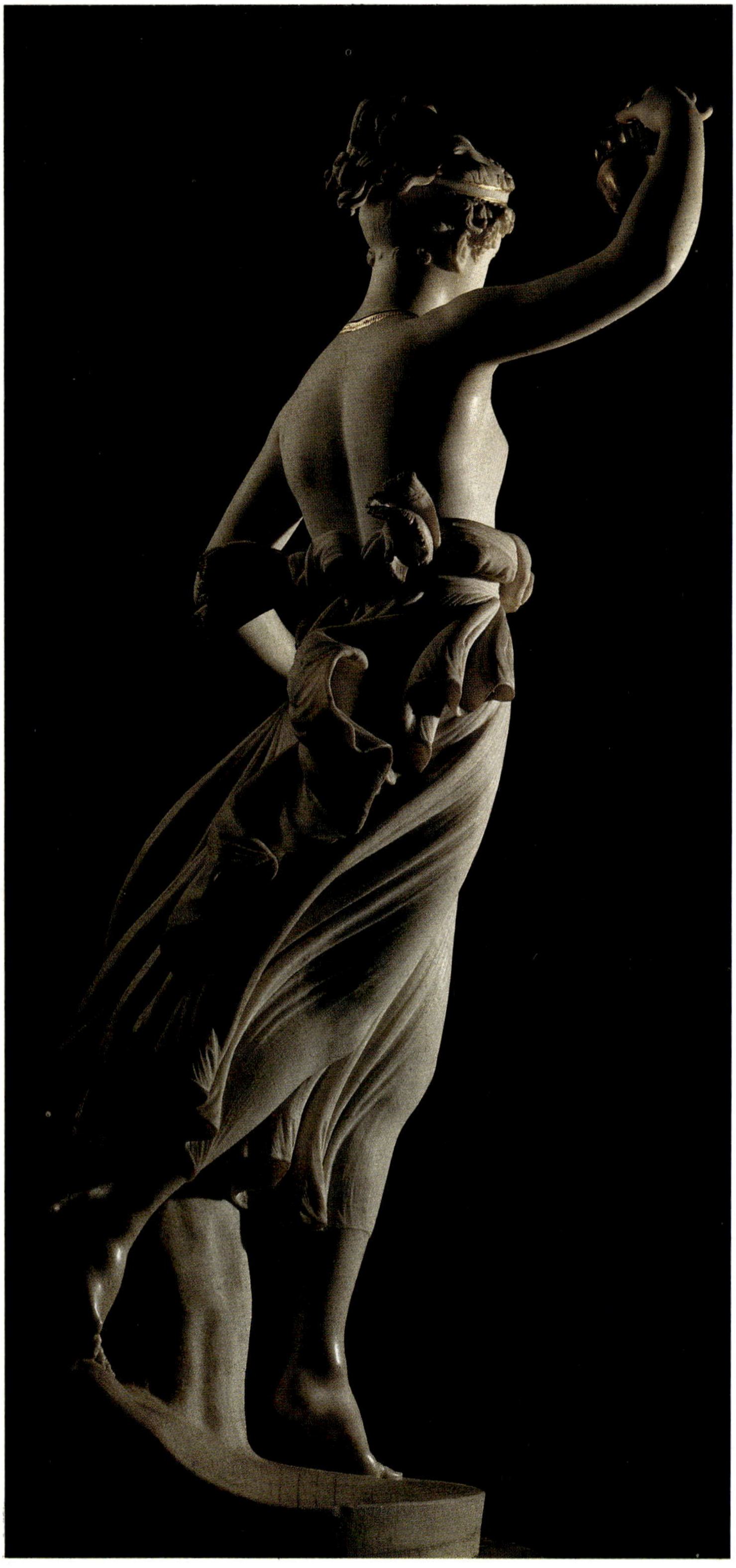

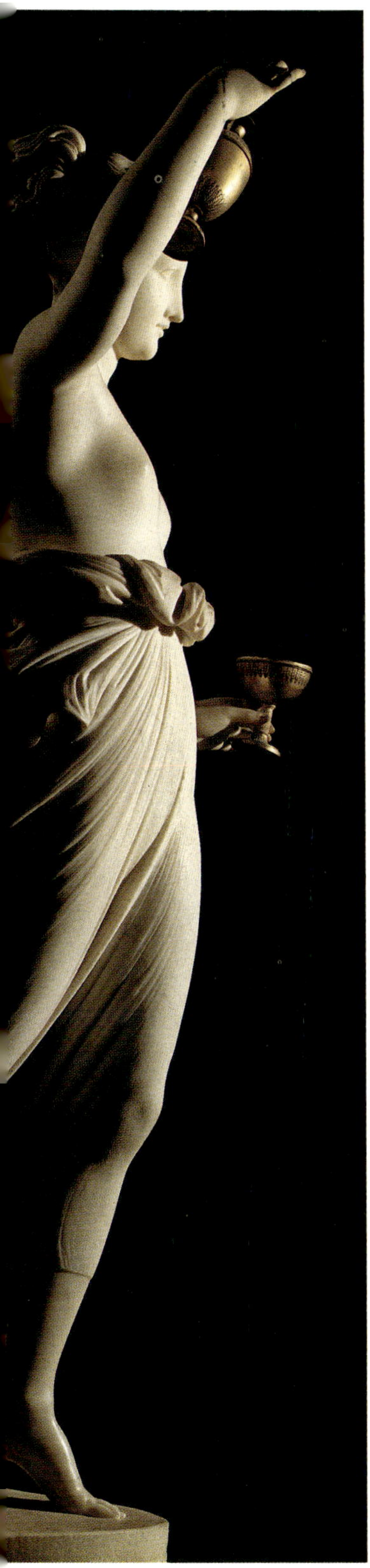

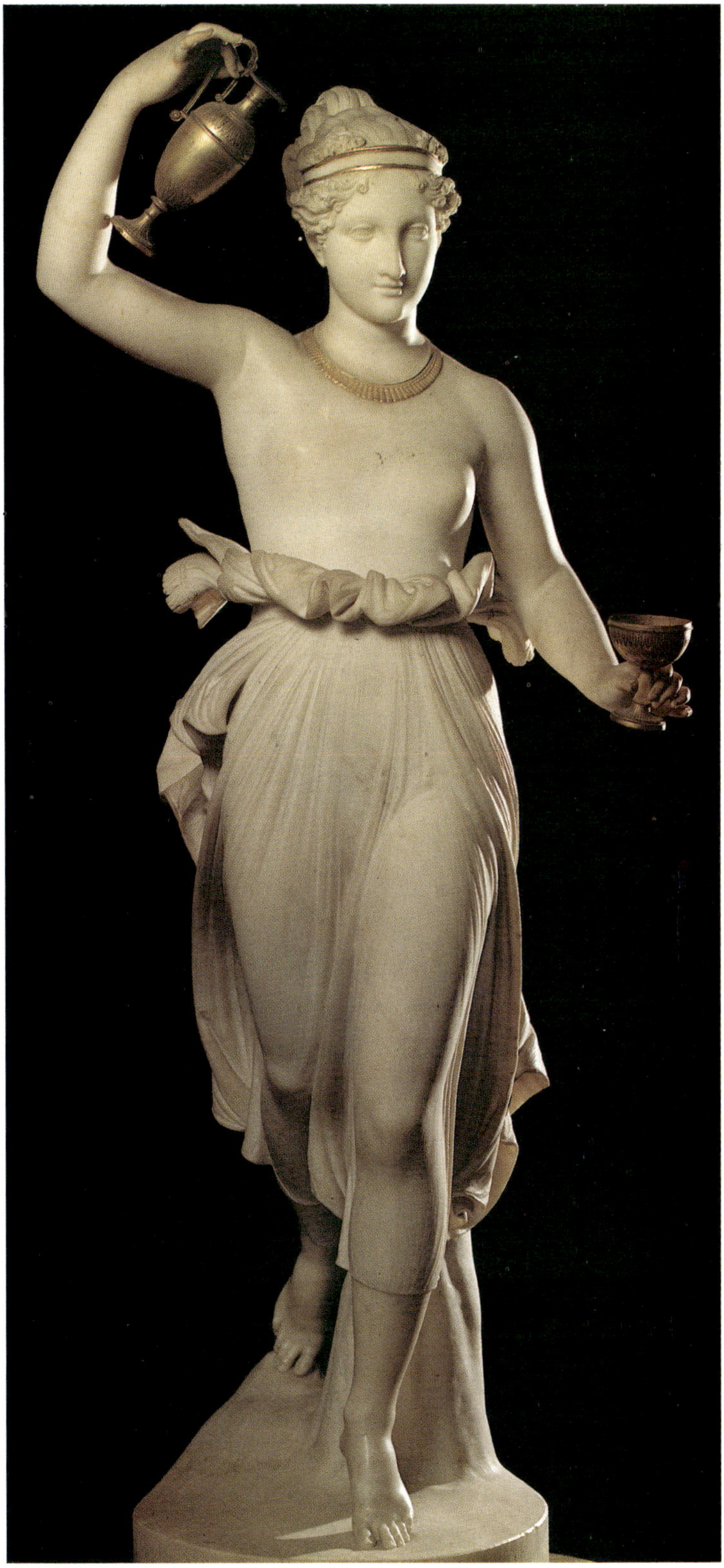

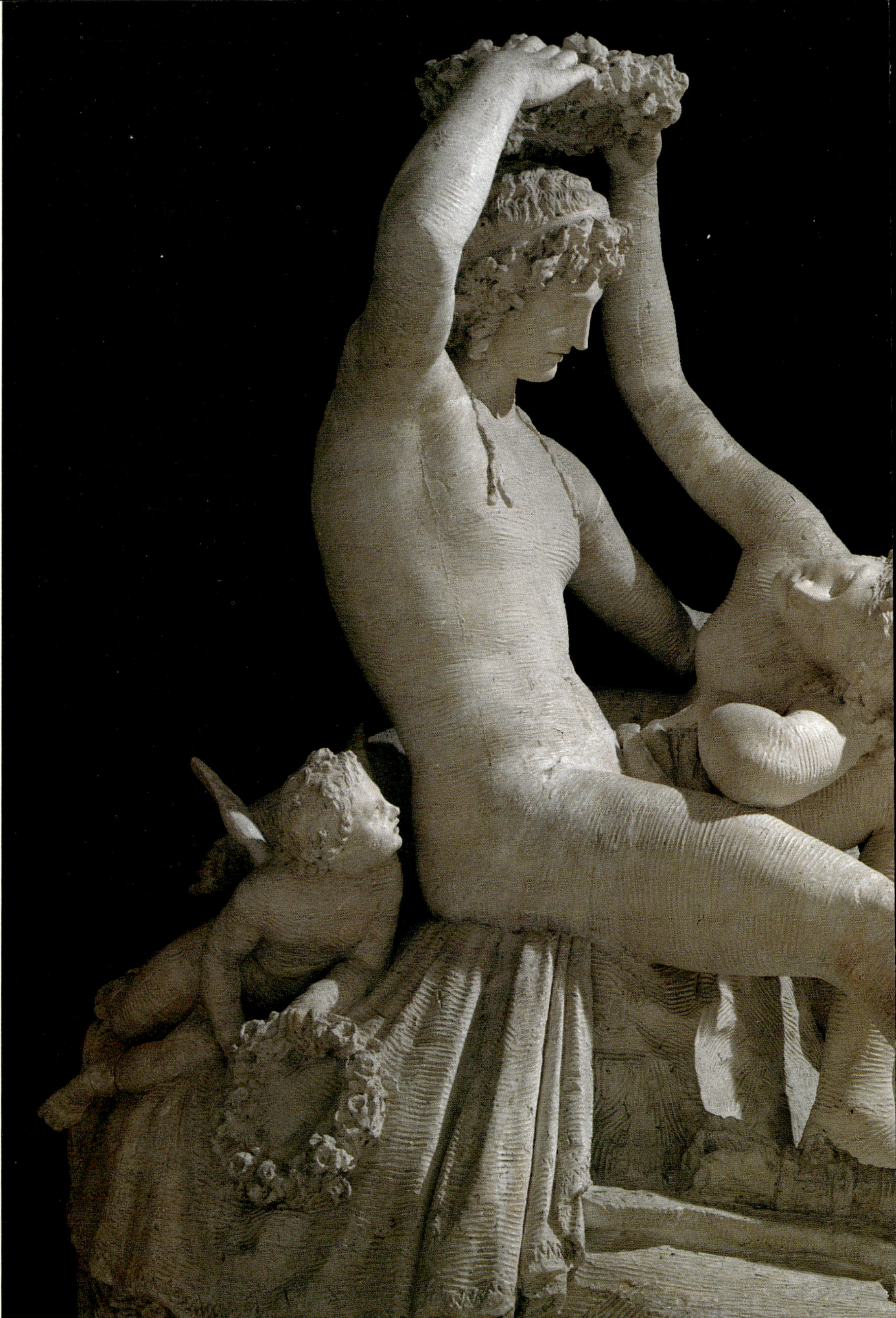

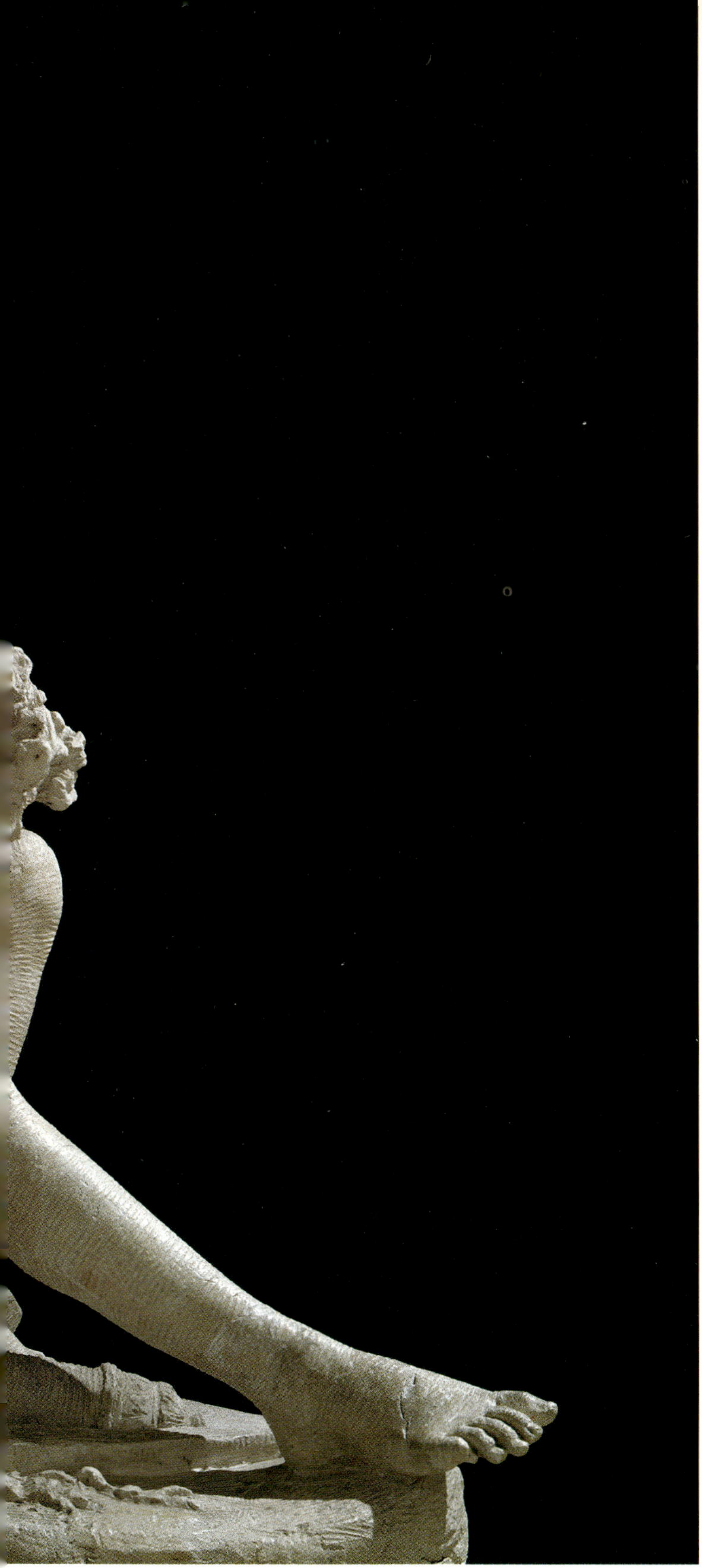

Dieses Modell von »Die Bekränzung Amors durch Venus« (Possagno, Gipsoteca) ist besonders außergewöhnlich. Es handelt sich um eine hautfarben getönte Gipsfigur in Lebensgröße, die alle Merkmale eines abgeschlossenen Werkes aufweist. Das Motiv wurde jedoch nie in Marmor ausgeführt. Mit dieser Arbeit, die auf das Jahr 1789 zurückgeht, stellt sich Canova erstmals dem Thema der Liebe, wie es auf besondere Weise seiner Neigung entspricht. Die Liebe wird hier mit einer Spur von empfindsamer, vorromatischer Austrahlung dargestellt. Diese drückt sich über betonte Merkmale von Anlage und Form der Figur aus, die eine eher für das ausgehende 17. Jahrhundert als für den ausgeprägten Klassizismus typische, entkräftete Zartheit aufweisen. Die Verbindung der beiden Figuren in der kreisenden Bewegung der Gesamtanlage wird in der Armhaltung wieder aufgenommen und gesteigert. Daraus entsteht ein kompositorischer Zusammenhang von barocker Form, der zum Wesen des Werkes wird. Diese Gruppe stellt eine erste Ausarbeitung der kompositiorischen Idee dar, die in der Gruppe »Amor und Psyche« ihre endgültige Form findet. Auf der Oberfläche dieses Modells sind die Spuren des zur Bearbeitung des Gipses verwendeten Spatels sichtbar.

Unten und rechts weitere Abbildungen der Gruppe »Die Bekränzung Amors durch Venus«. Diese Bilderfolge unterstreicht die Verflechtung der Liebesthematik – wobei die Liebe als romatische, geradezu geläuterte empfindsame Ausstrahlung wirksam wird – mit einem anderen beliebten Thema Canovas, dem des Tanzes. In dieser wie auch in anderen Gruppen Canovas läßt sich eine deutliche choreographische Absicht in der Bewegung und der Haltung der Figuren erkennen. Die Oberfläche des Modells erhält zusätzlich Bewegung durch die von dem Spatel auf dem weichen und zart gefärbten Gips hinterlassenen Rillen, in denen sich das Licht spielerisch fängt.

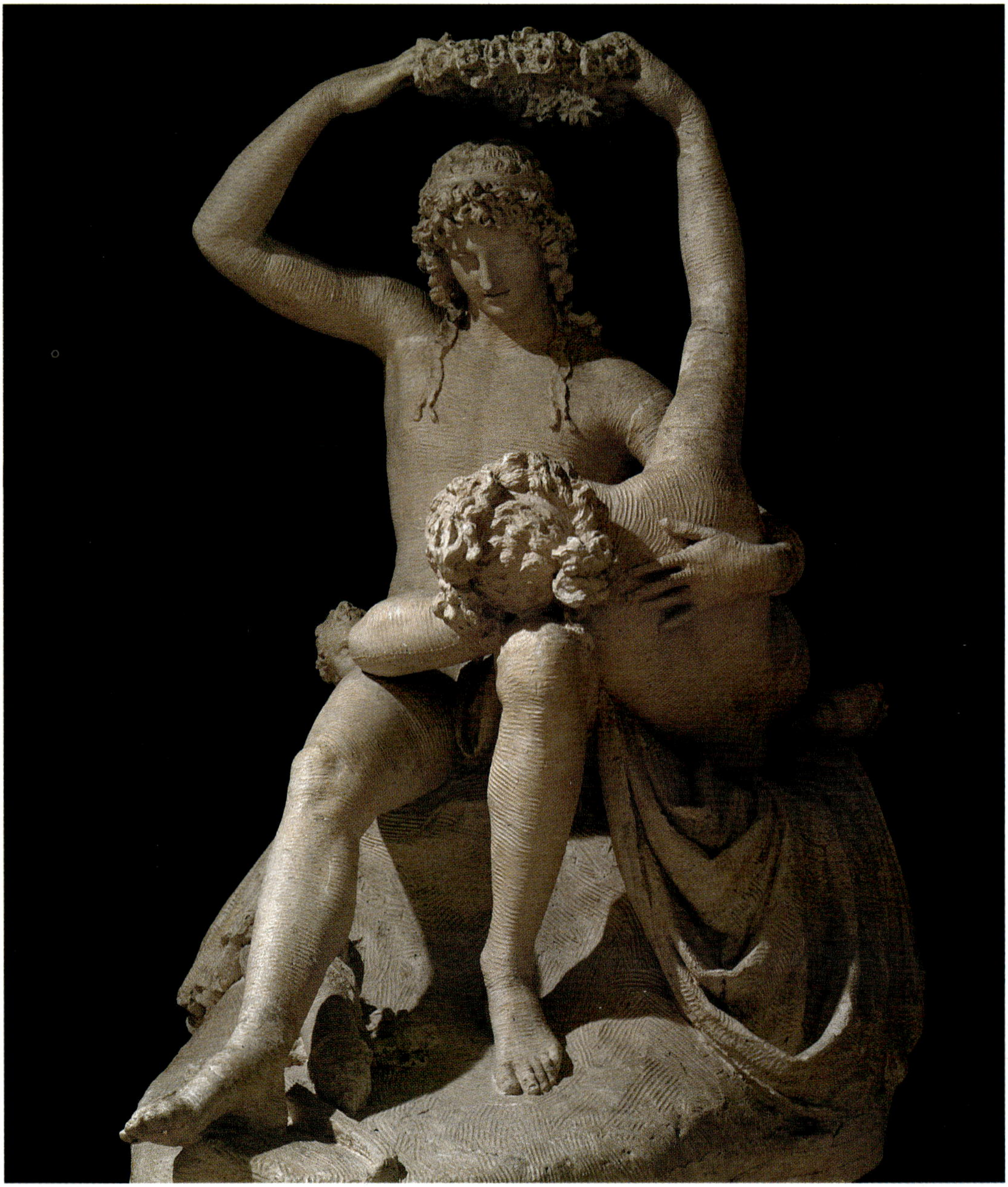

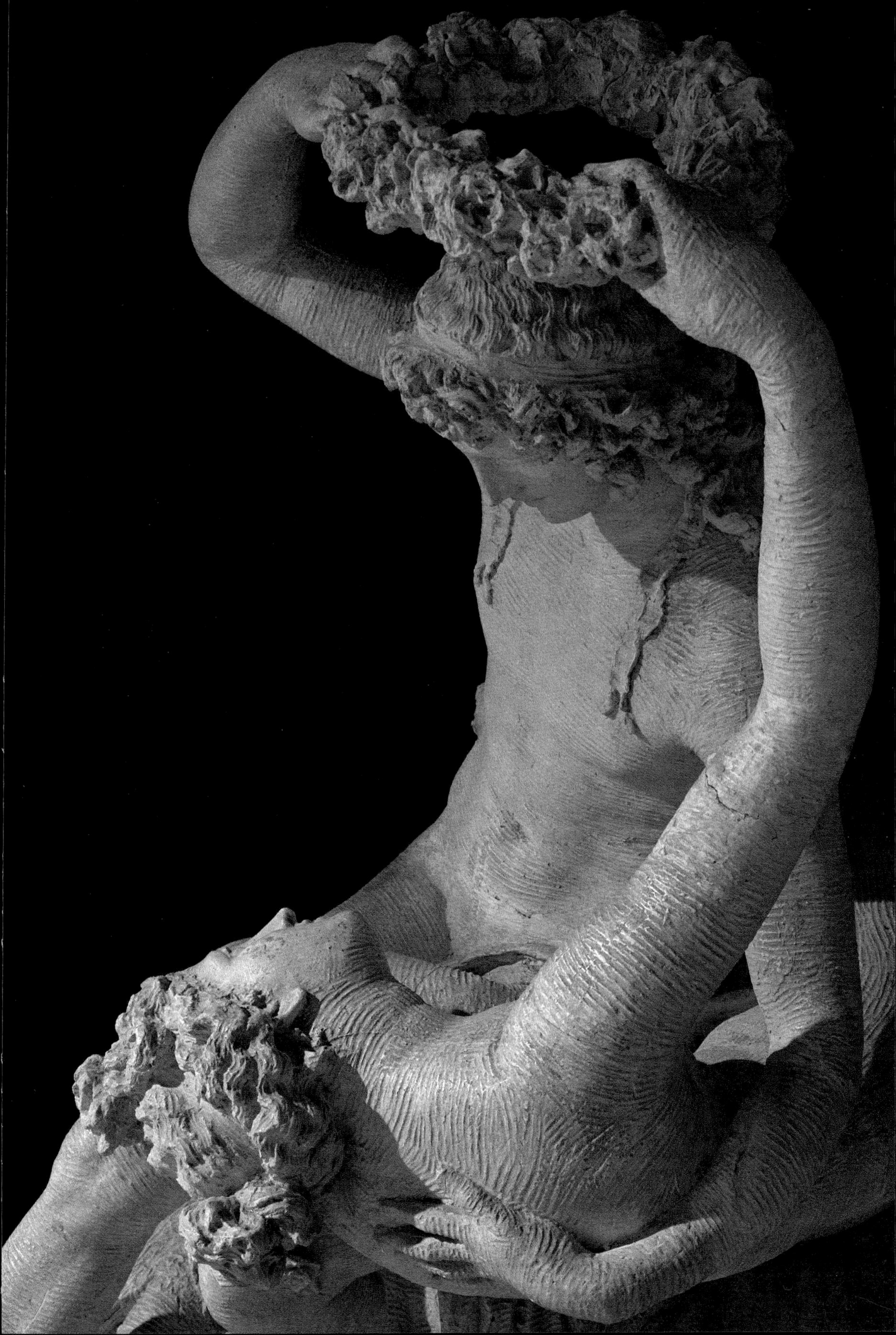

Zu den Vorarbeiten für die bedeutende Gruppe »Amor und Psyche« (Louvre) gehören einige Entwürfe, die sich im Städtischen Museum von Bassano befinden. Darunter sind die unten abgebildete Studie und zwei Tonmodelle. Das eine – auf den beiden Fotos rechts zu sehen – ist in der Gipsoteca in Possagno ausgestellt, das andere in Venedig im Museo Correr. An der Zeichnung und dem Bozzetto läßt sich die der Skulptur zugrundeliegende Vorstellung, der kompositorische Ausgangspunkt für die Marmorstatue, erkennen. Die beiden Gestalten der Liebenden sind hier noch einander von vorne zugewandt, aber die Haltung der Arme und Beine in der Umarmung erzeugt schon eine kreisende Bewegung

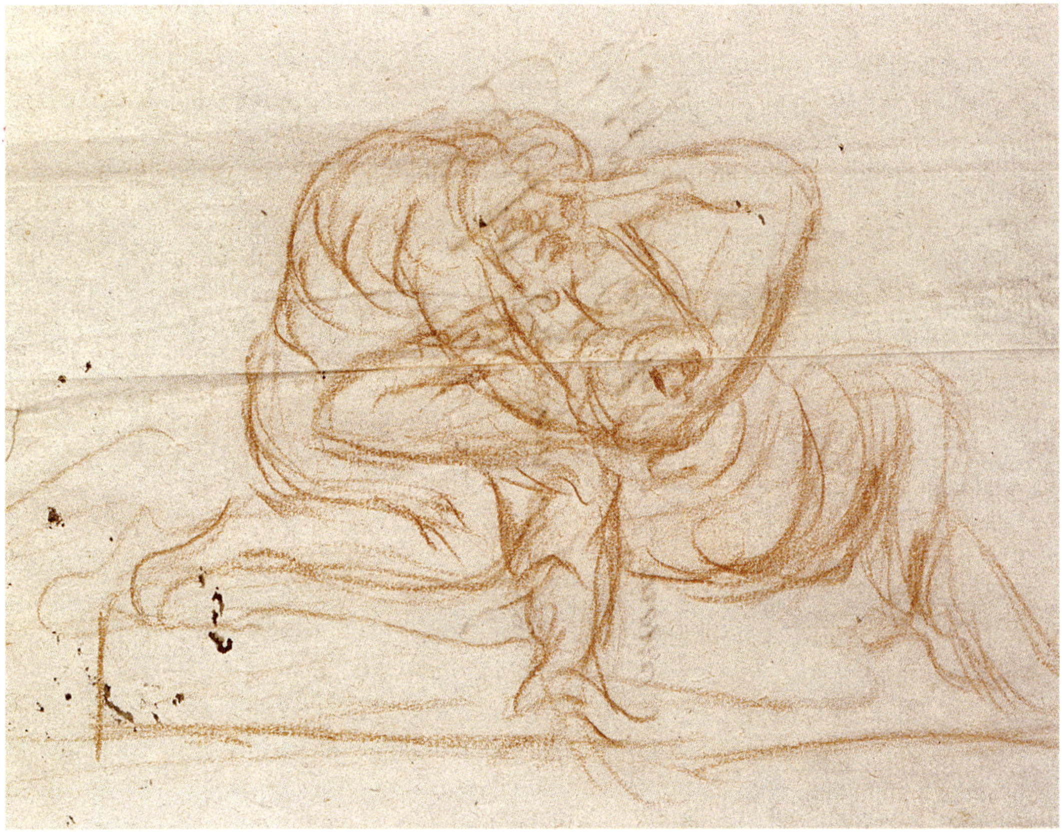

der Gruppe. In der abschließenden Studie und der endgültigen Marmorskulptur vermitteln die Körper von Amor und Psyche den Eindruck, als kreisten sie um die – im Vergleich zum Bozzetto wesentlich deutlichere – Achse der beiden Köpfe. Auch die Umarmung ist anders gestaltet: Die Figuren sind einander nicht mehr von vorne zugewandt; Venus beugt sich zur Umarmung nach hinten. Die Anregung zu dem kompositorischen Thema der Figuren, denen sich Canova 1787 widmet, scheint er von einem antiken Wandbild aus Herkulaneum, »Faun und Bacchantin«, erhalten zu haben. Außerdem wurde eine große Ähnlichkeit dieses Bozzetto mit den Studien zu der nie verwirklichten Gruppe »Die Beweinung des Adonis durch Venus« festgestellt.

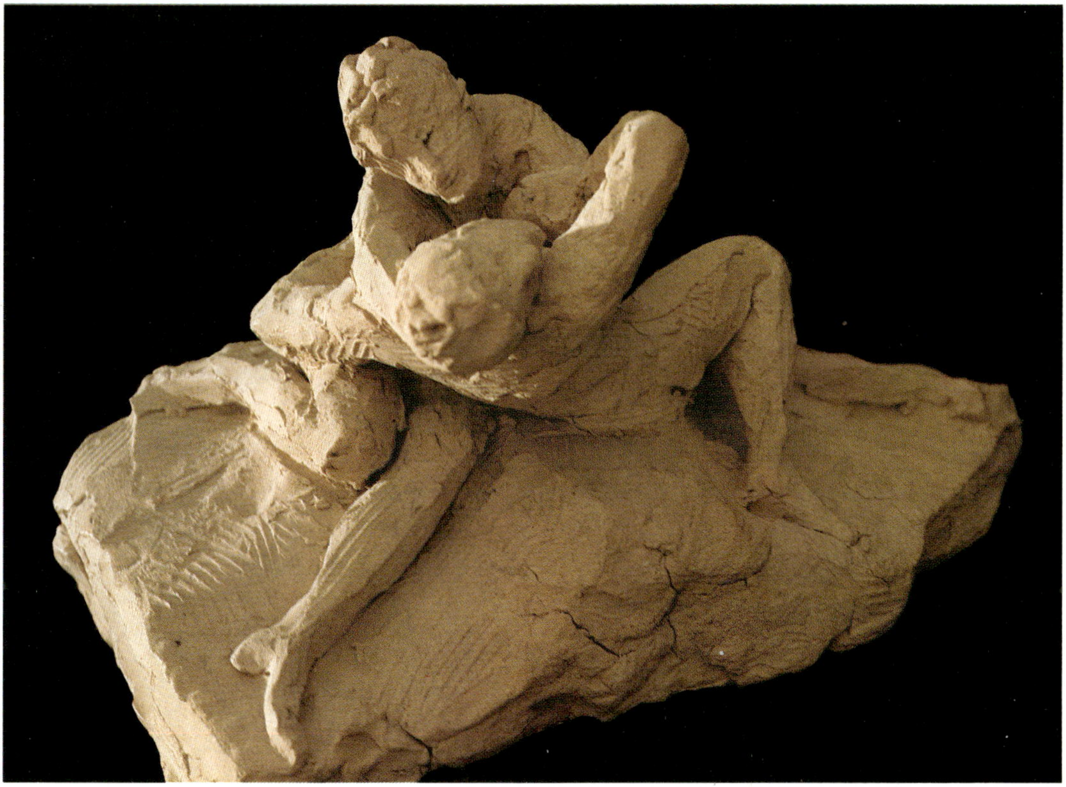

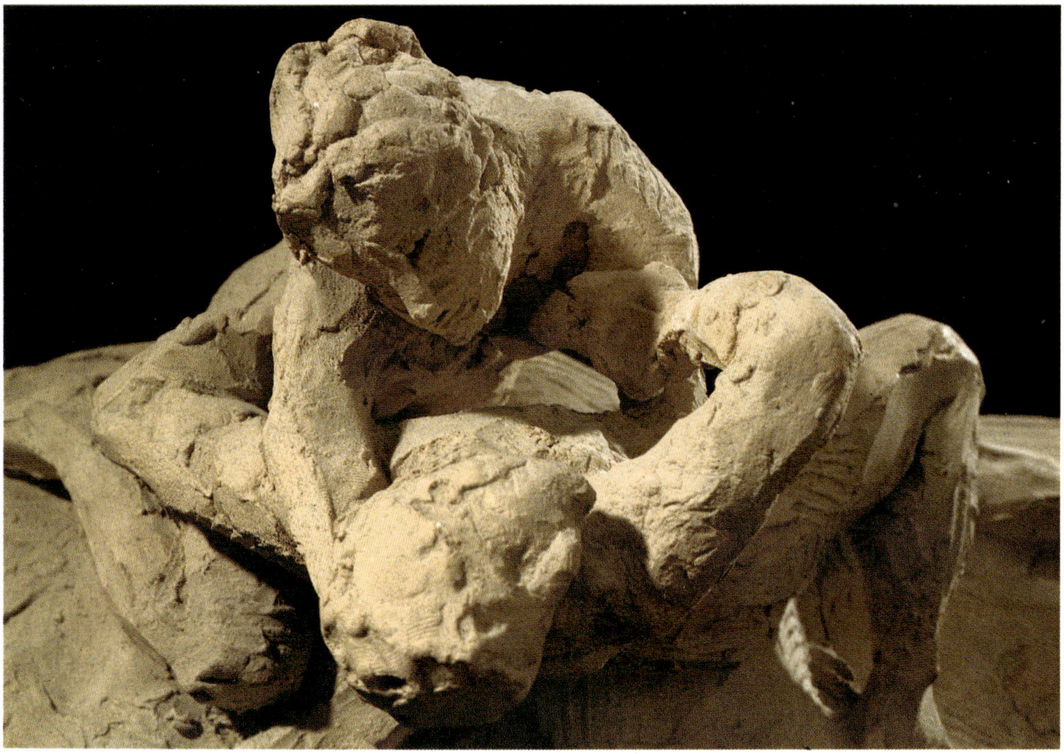

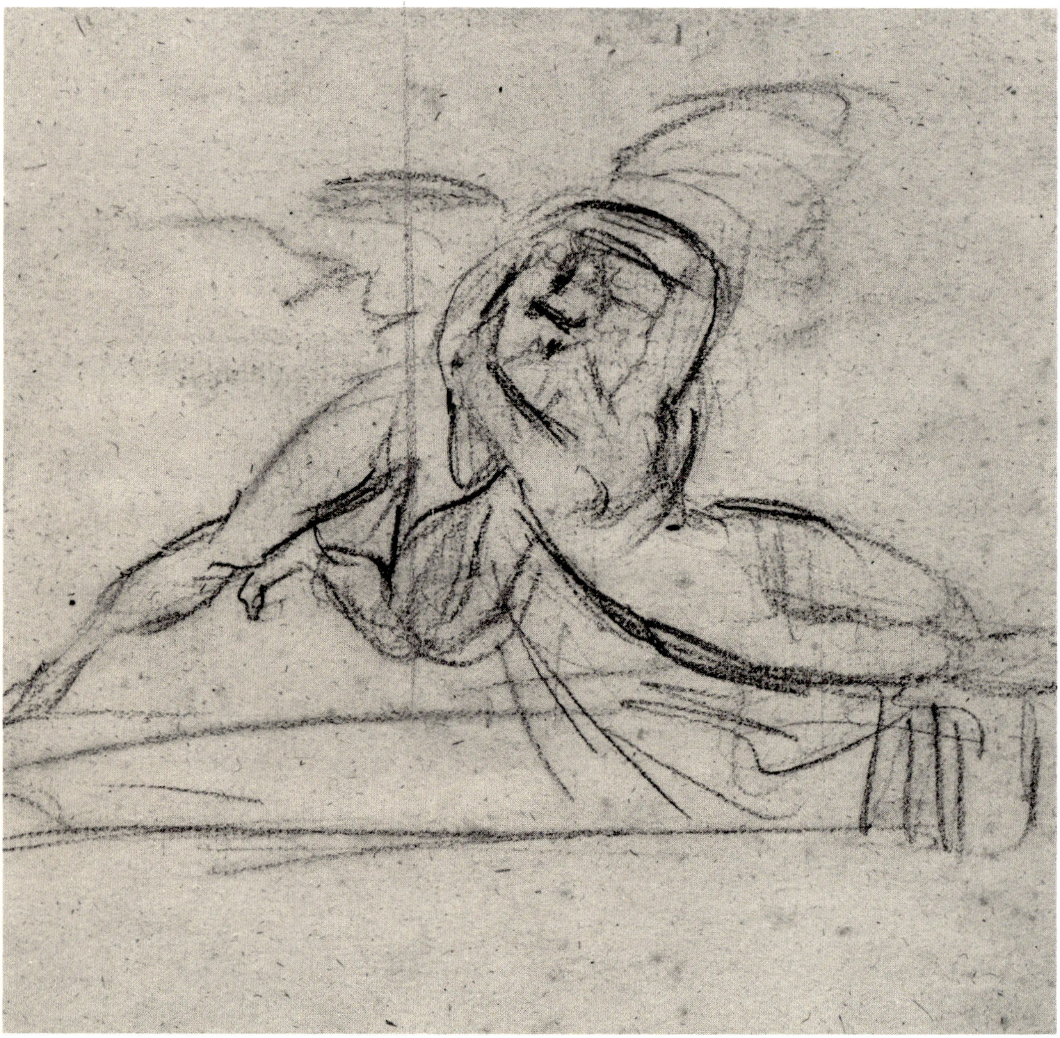

Links ein zeichnerischer Entwurf (Bassano, Städtisches Museum) zu der Gruppe »„Amor und Psyche«" mit der endgültigen Anordnung der Figuren. Unten die Gruppe selbst. Sie wurde zwischen 1787 und 1793 für den Oberst John Campbell geschaffen, gelangte zu General Joachim Murat, dann nach Compiègne und schließlich nach Paris, wo sie im Louvre zu besichtigten ist. Auf den beiden folgenden Seiten ist das Bildwerk in zwei Teilansichten abgebildet. Eine weitere Ausführung dieser Gruppe wurde zwischen 1794 und 1796 angefertigt und befindet sich in Leningrad (Eremitage).

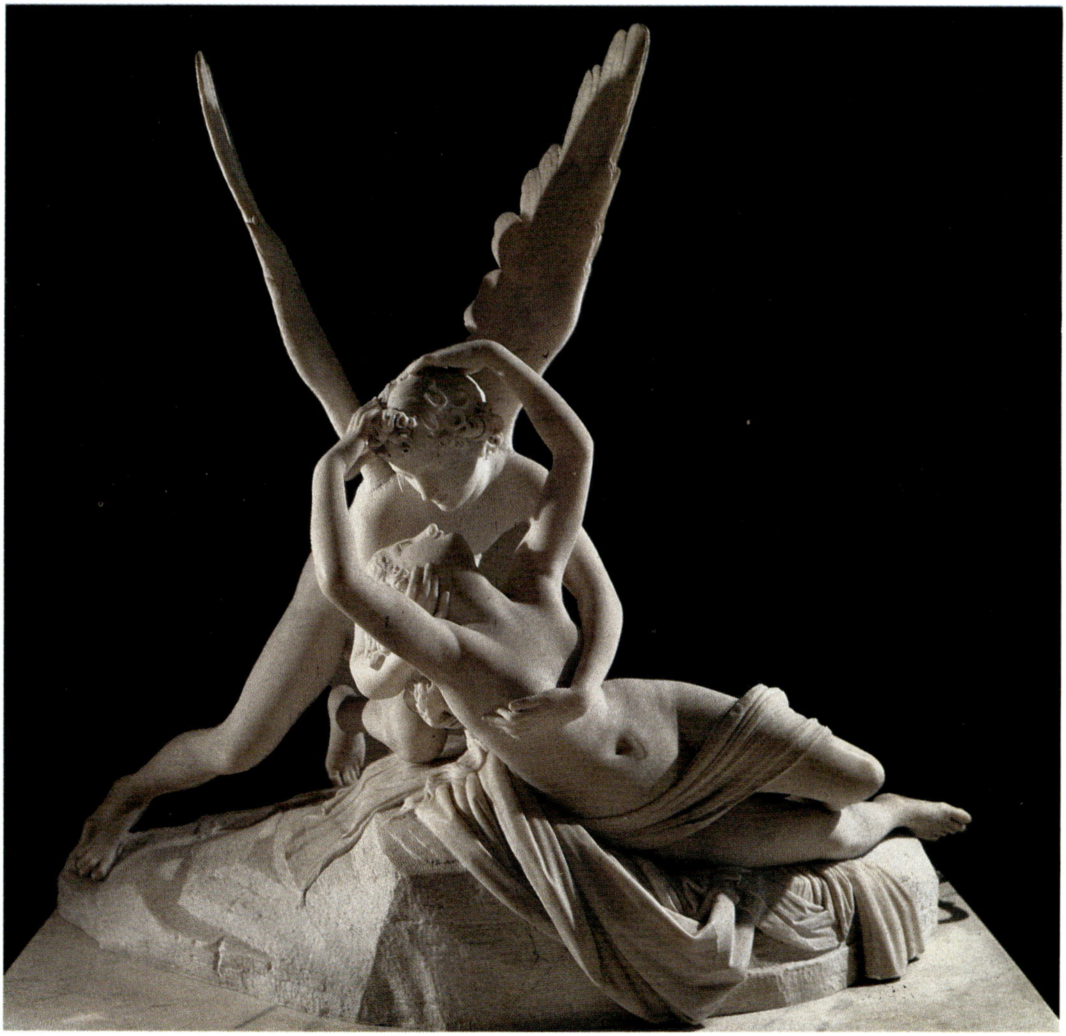

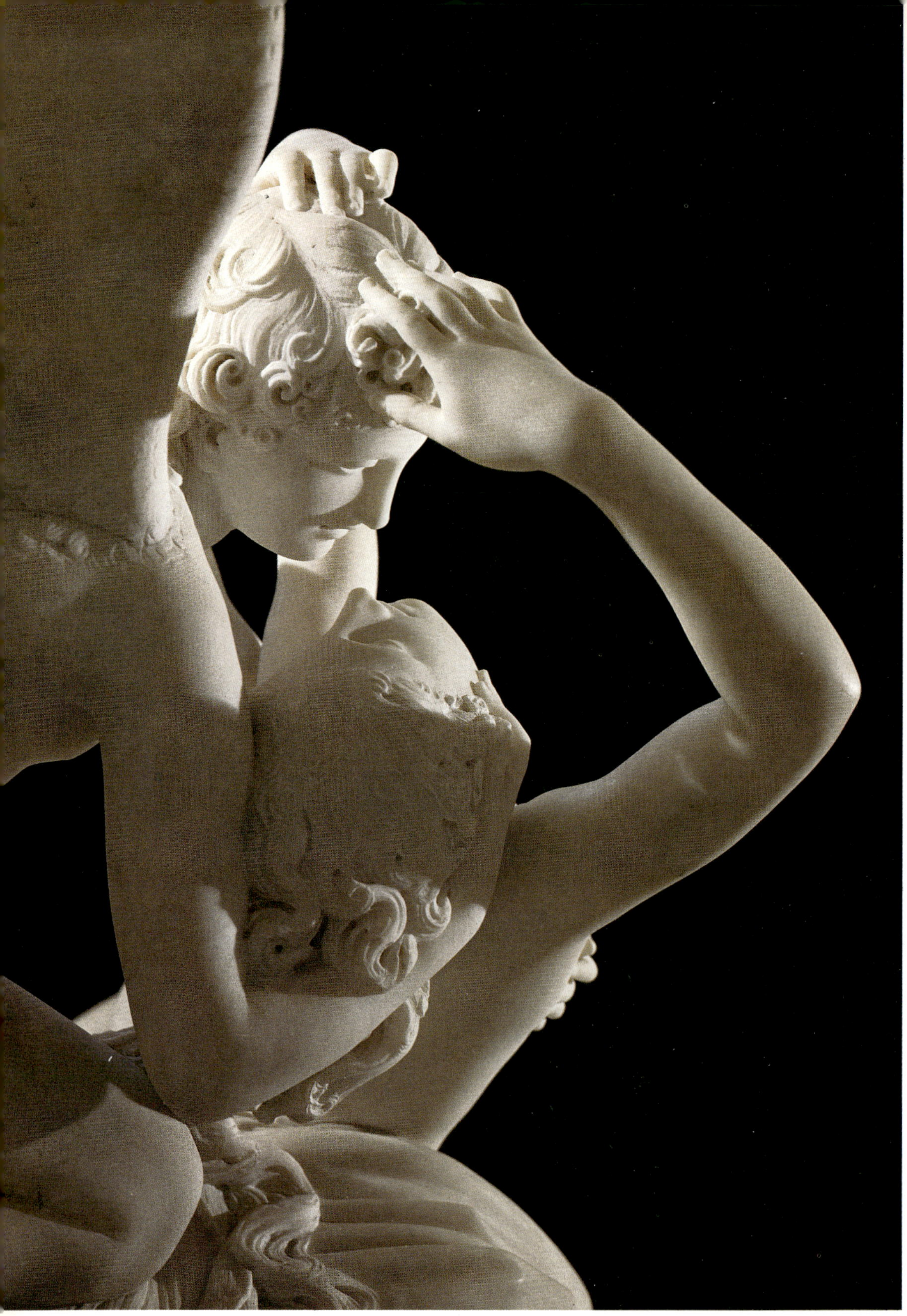

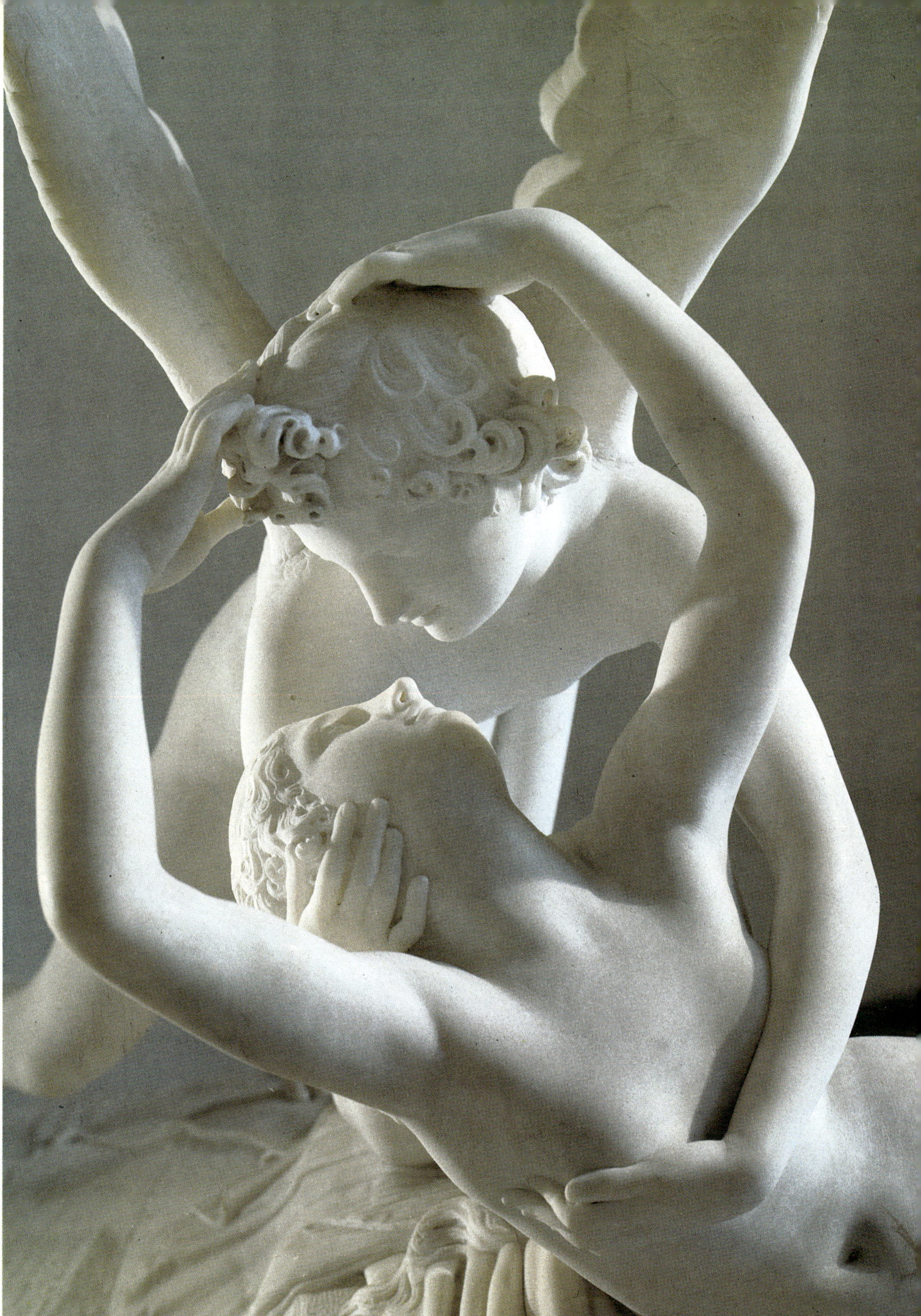

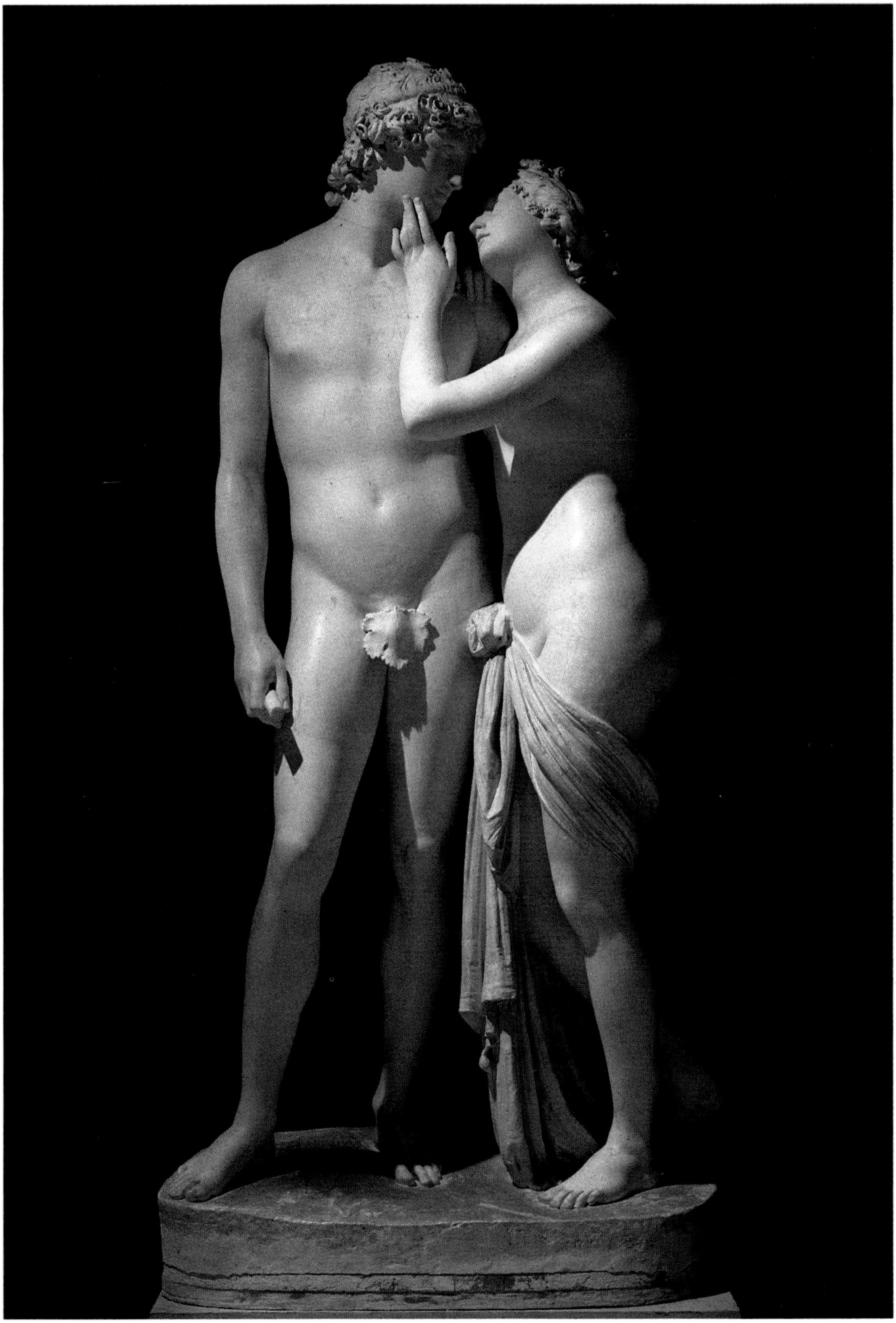

Diese Marmorgruppe von »Venus und Adonis« (1789 – 1794, Genf, Villa La Grange) wird oft als eines der bezeichnendsten Beispiele für die hellenisierende Tendenz Canovas angeführt. Der Klassizismus Canovas ist jedoch weit davon entfernt, bloße Nachahmung einer als vollkommen betrachteten Formvorgabe zu sein. In der hier sichtbaren Erhöhung der Liebe – erfüllt von zarter Sinnlichkeit – besteht er in der gestalterischen Notwendigkeit, durch eine Sublimation der Formen das zu überwinden, was an der Realität gebrechlich, unvollkommen und vergänglich ist.

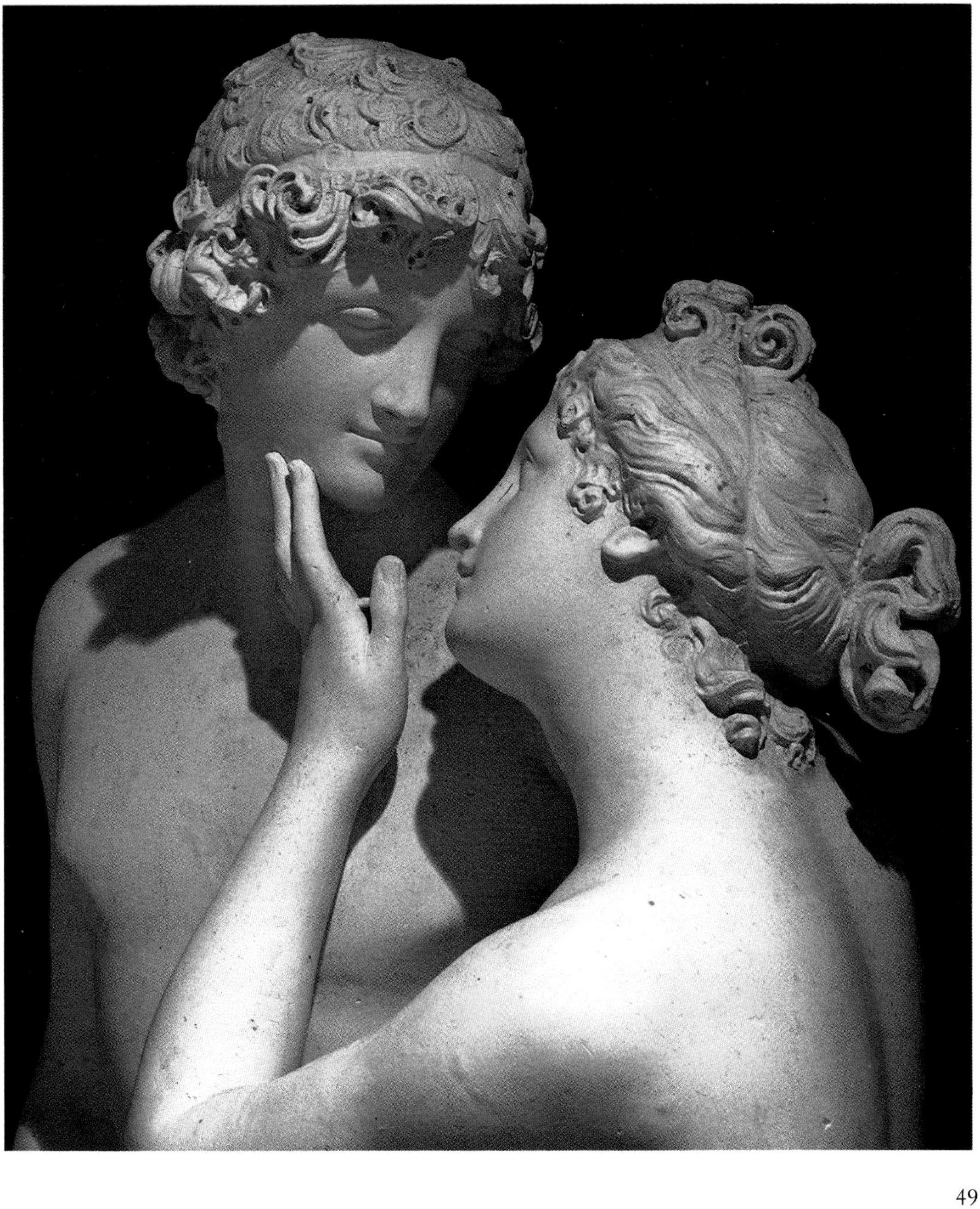

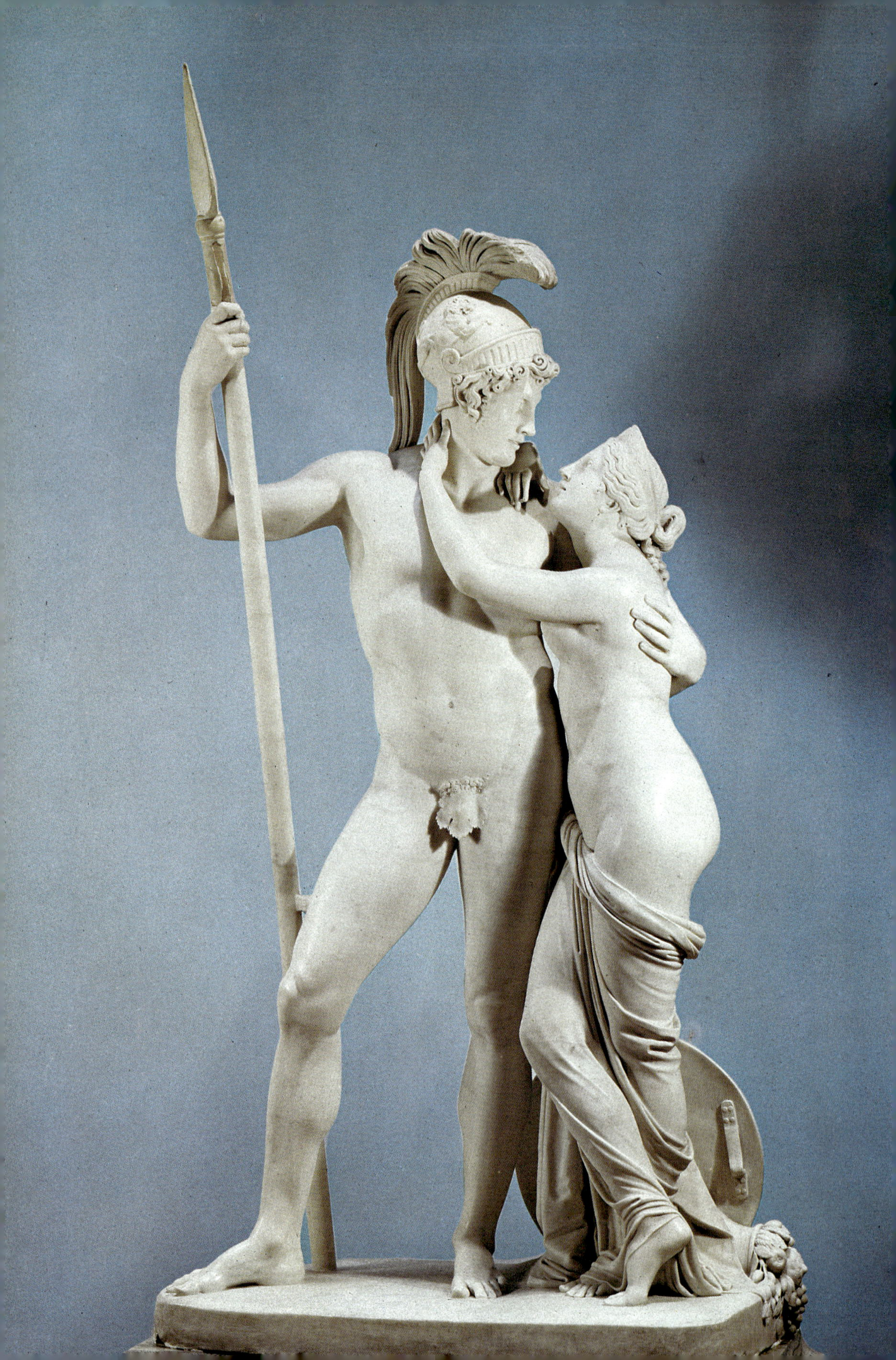

Links eine der bekanntesten Gruppen Canovas, »Mars und Venus«, die sich in London im Buckingham Palace befindet (Foto Lord Chamberlain's Office). Die Skulptur wurde bei Canova 1815 vom damaligen englischen König George IV. in Auftrag gegeben. Der Künstler hielt sich zu diesem Zeitpunkt in London auf, um sich die Marmorstatuen aus dem Pantheon anzusehen. Dieser Aufenthalt ist ein Beispiel für den direkten Kontakt Canovas mit der klassischen griechischen Kunst. Beeindruckt und begeistert, schrieb er an einen Freund: »Die Marmorstatuen Griechenlands (. . .) hatten nichts Gezwungenes, nichts Übertriebenes oder Hartes . . .). Die Werke von Phidias sind wahrhaftiges Fleisch, d. h. die schöne Natur.« Die vollkommen klassizistische Gruppe »Mars und Venus« wurde sicherlich unter diesem Eindruck entworfen, auch wenn Canova sie erst zwischen 1816 und 1822 verwirklichte. Rechts die Rekonstruktion des geometrischen Entwurfs (Darstellung von Franco Barbieri).

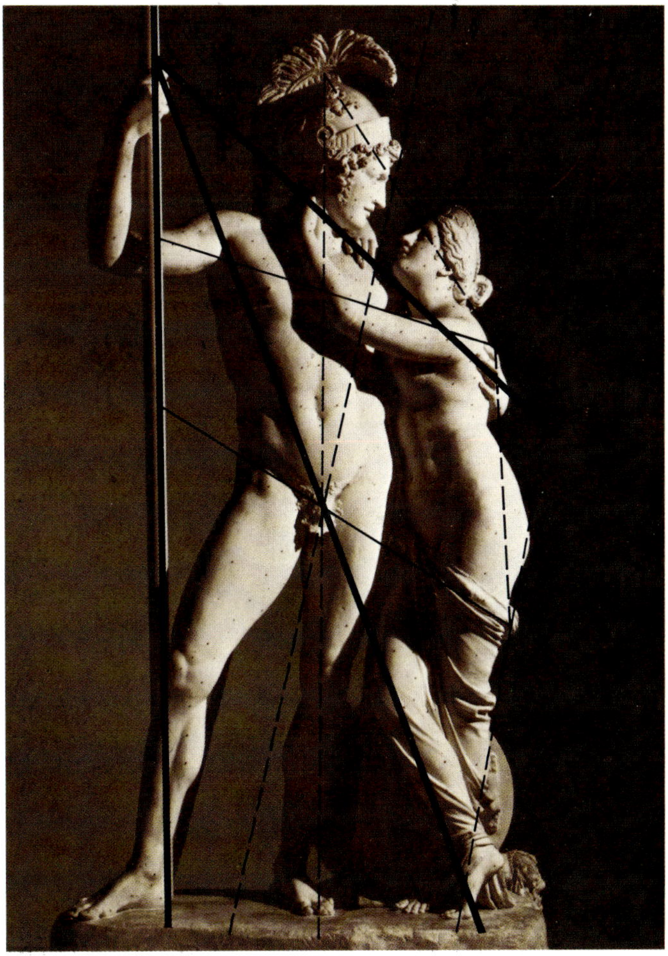

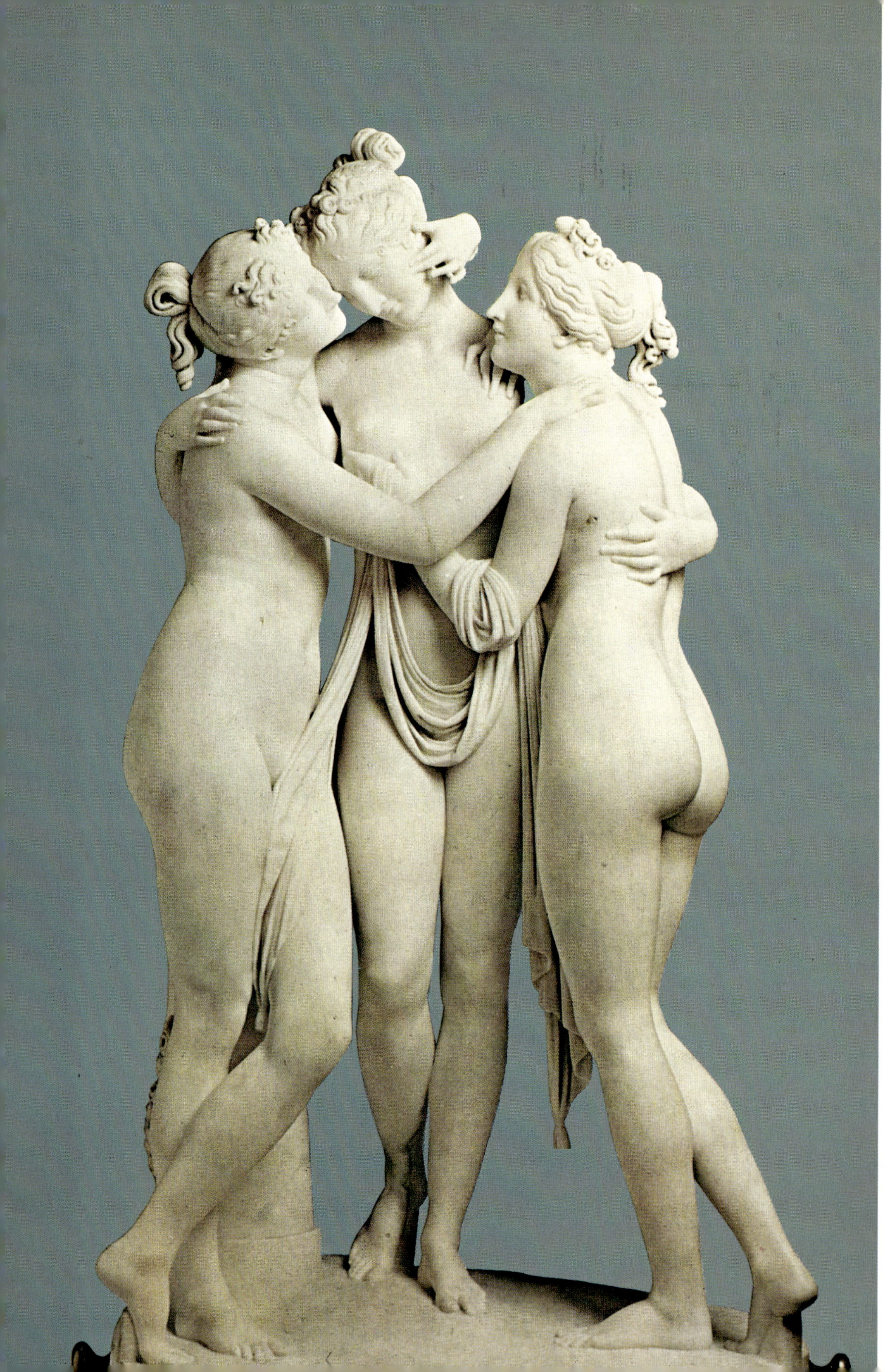

Zu den bekanntesten Arbeiten Canovas gehört die Gruppe der »Grazien« (Leningrad, Eremitage). Sie wurde 1813 von Joséphine Beauharnais bei dem Bildhauer in Auftrag gegeben und 1816, nach ihrem Tod, für den Sohn Eugène fertiggestellt. Die Marmorgruppe zeigt Aglaia, Thalia und Euphrosyne, die sich umarmen. Unten zwei vorbereitende Studien (Bassano, Städtisches Museum), in denen Canova über «die kunstvolle und neuartige Umarmung dreier weiblicher Figuren« (Quatremère de Quincy) »die sichtbaren Abwandlungen einer abstrakten Größe« zu erforschen sucht.

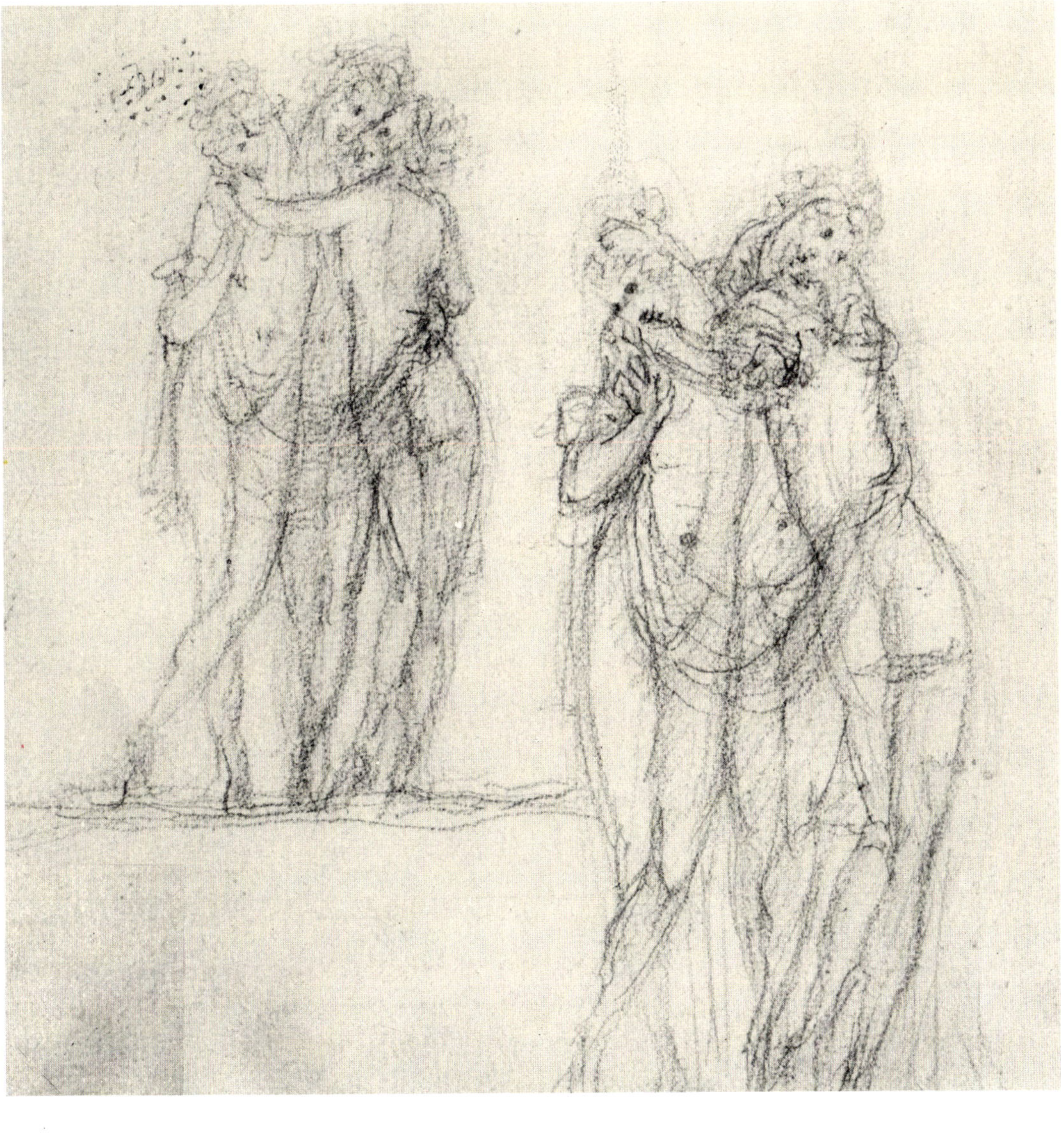

Das »Grabmal für Haratio Nelson« wurde 1806 von Canova zu Ehren des englischen Admirals entworfen, der ein Jahr zuvor gestorben war. Es handelt sich um ein Projekt, das der Bildhauer »zu seinem privaten Vergnügen« geplant – wie es in der Autobiographie heißt –, jedoch nie verwirklicht hat. Auf diesen Seiten ist ein Modell davon aus Gips, Wachs und Ton abgebildet (Possagno, Gipsoteca). Die runde Unterlage, die den Sarkophag trägt, ist mit drei Reliefs verziert: »Die Krönung des Helden durch die Siegesgöttin« (unten), »Minerva, Neptun und Mars übergeben den Helden als Kind an England« (rechts)

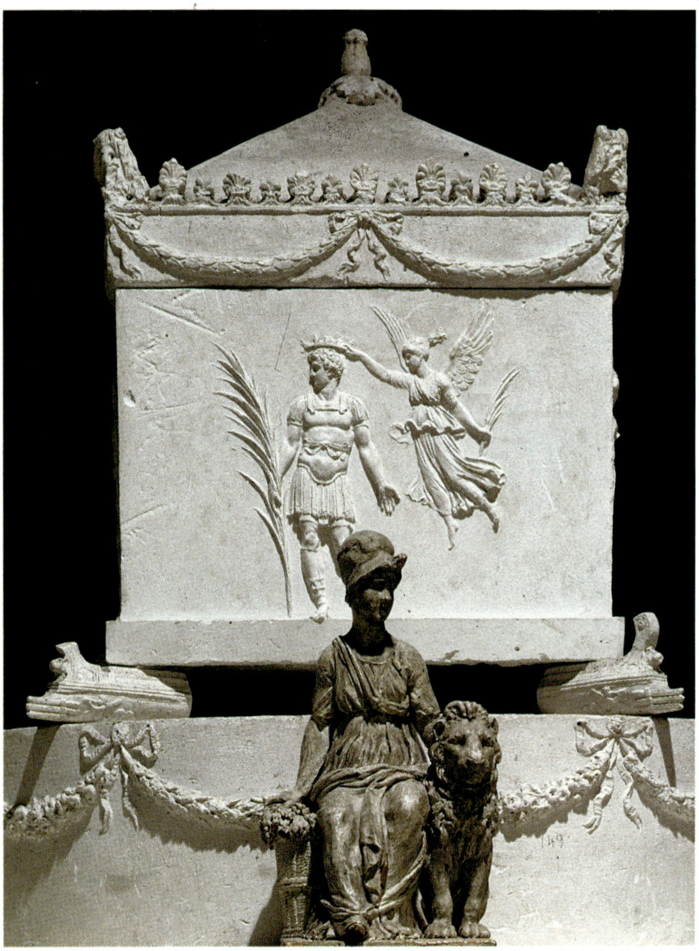

und »England, Schottland und Irland empfangen den Leichnam des Helden« (auf dem Foto nicht sichtbar). Die runde Unterlage steht ihrerseits auf einem größeren Sockel, auf dem die Personifikationen aller Kontinente sitzen, wo Nelson gekämpft hat. Das Rühmen des Heldentums ist nur scheinbar und nur formal ein klassisches Thema. Es entsteht vielmehr aus dem – schon der Romantik zuzuordnenden – Wunsch, die Vergänglichkeit des Lebens zu überwinden und in der Erinnerung zu überleben.

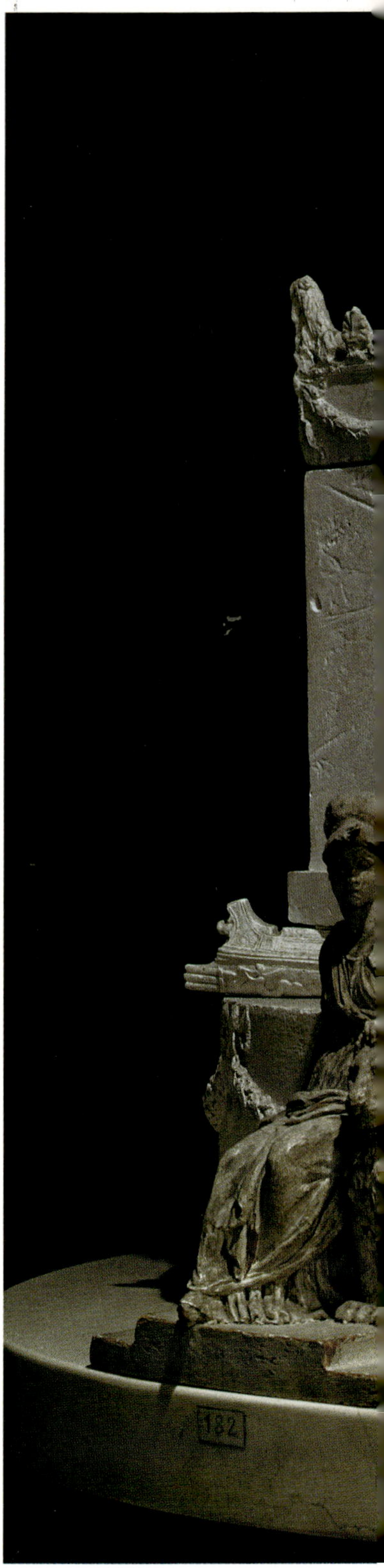

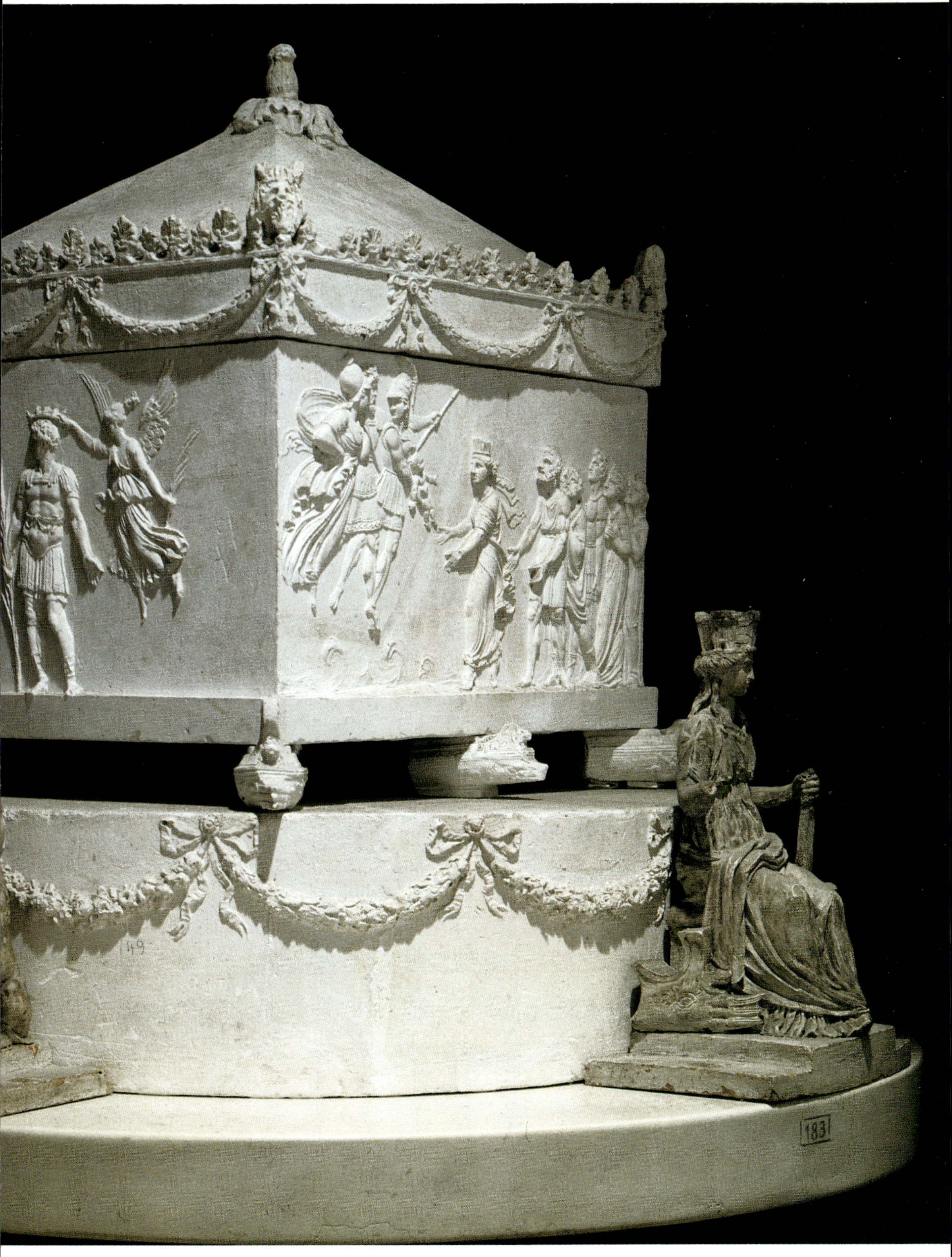
149
183

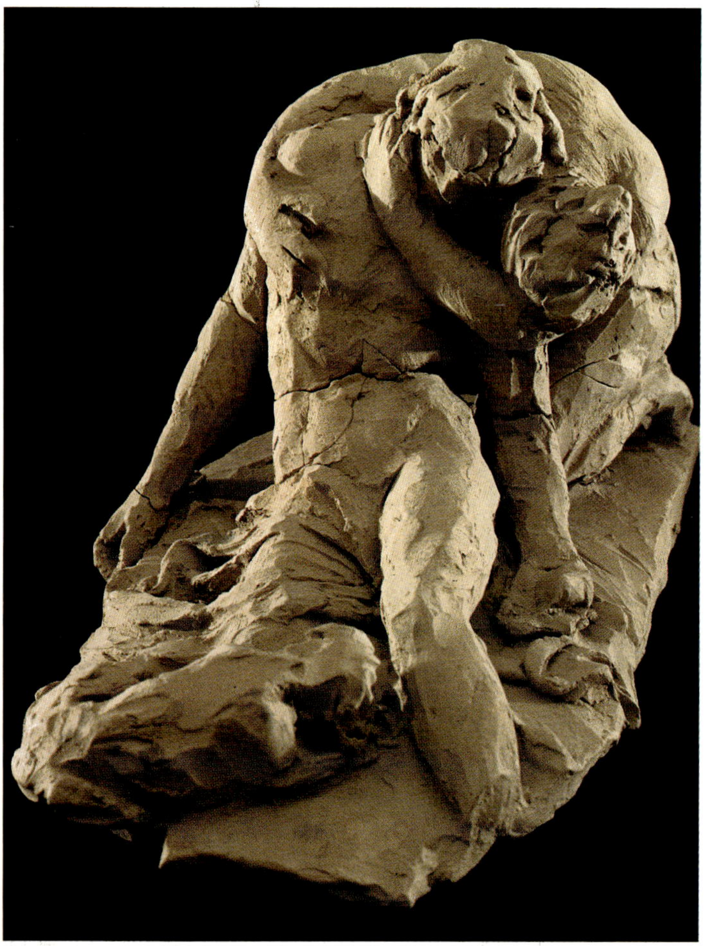

Der Tod ist sicher das häufigste Thema Canovas und vielleicht auch dasjenige, das seinem empfindsamen und schwermütigen Wesen am meisten entspricht. Angesichts des nunmehr romantischen Lebensgefühls – das Leben als Leiden, als kurzer Übergang – sucht er in der Schönheit und in der Kunst eine Sublimierung; stellt er den Versuch an, in der Bildhauerei jene unvergängliche, absolute Harmonie aufleben zu lassen, die das Universum beherrscht. Canova behandelt den Tod deshalb vorwiegend in einem wehmütigen Ton, in dem der Schmerz von der rhythmischen Bewegung der Form umfaßt, ja eingeschlossen wird. Nur in einigen Bozzetti, wie in diesem Tonmodell von »Adonis und Venus« (1787, Possagno, Gipsoteca), kommt das Gefühl nachhaltig und lebendig zum Ausdruck.

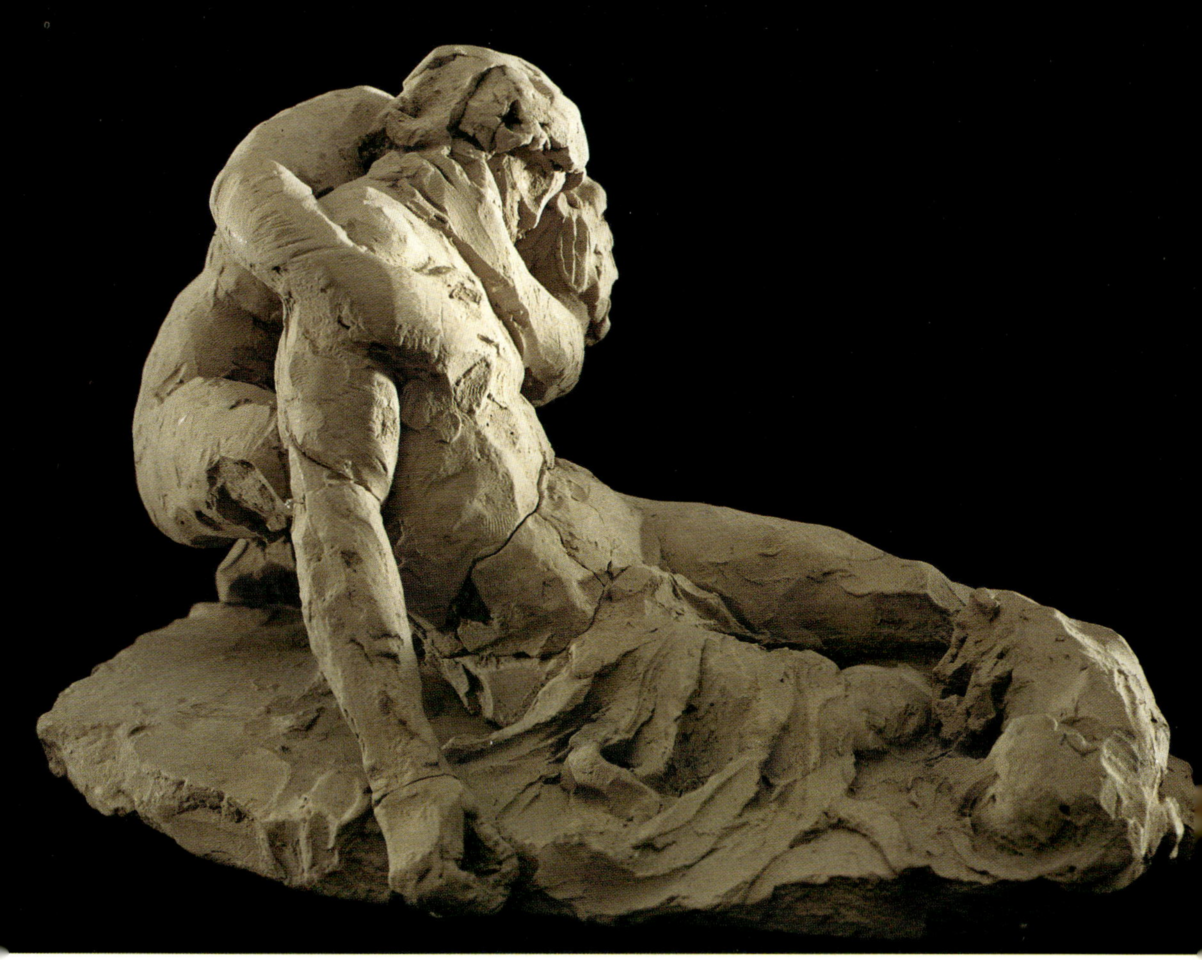

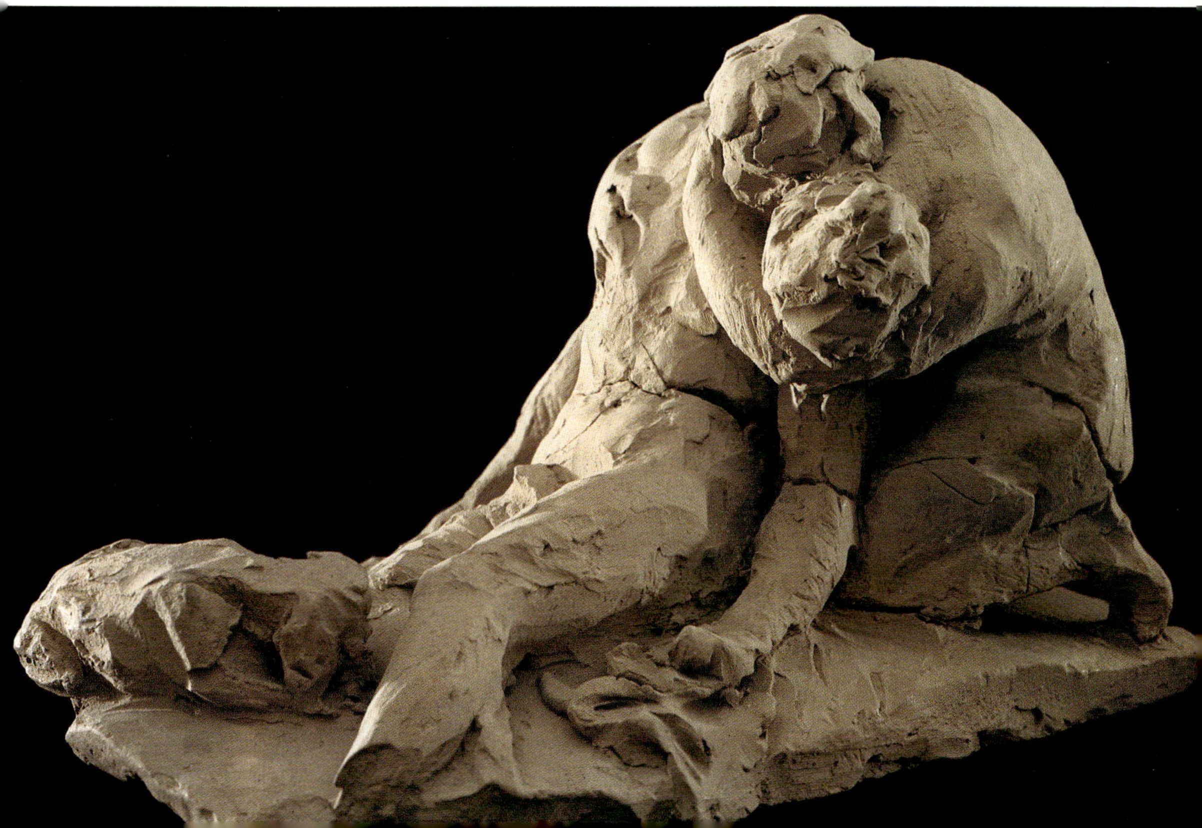

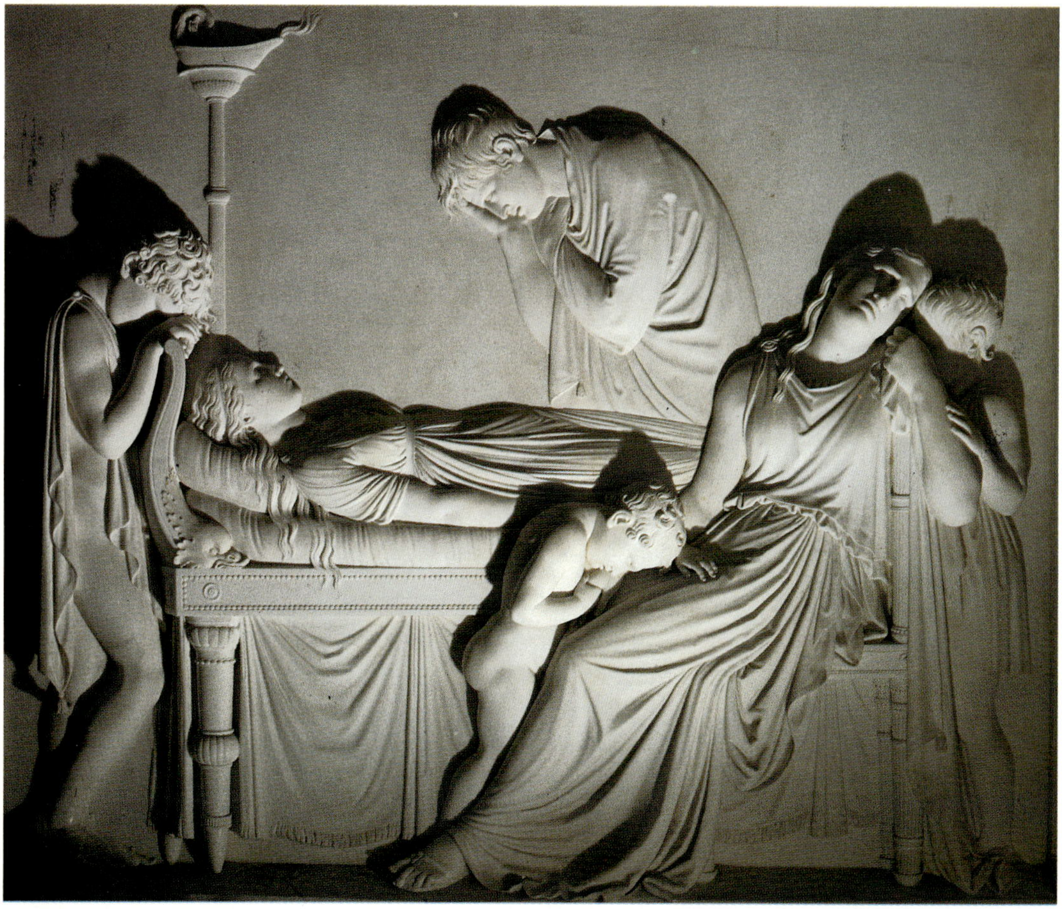

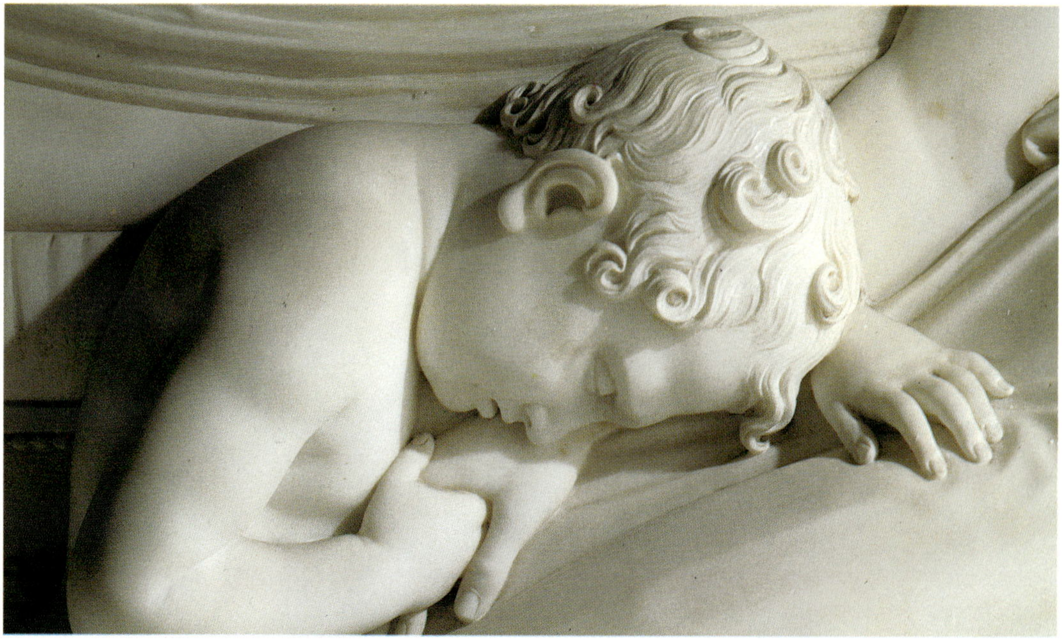

1806 erhielt Canova vom Markgrafen Haro de Santa Cruz, dem Kammerherrn von Joseph Bonaparte, König von Spanien, den Auftrag, das Grabmal für seine im Alter von sechzehn Jahren verstorbene Tochter zu gestalten. Canova hatte die Frontseite des Sarkophags mit der »Beweinung der Gräfin de Haro« – einer Darstellung des Schmerzes der Mutter, der Brüder und des Ehegatten der jungen Verstorbenen – fertiggestellt, als er 1808 das Werk aufgeben mußte, da der Auftraggeber unter Anklage des Verrates zum Tode verurteilt wurde. Die hier abgebildete Marmorarbeit befindet sich in Possagno.

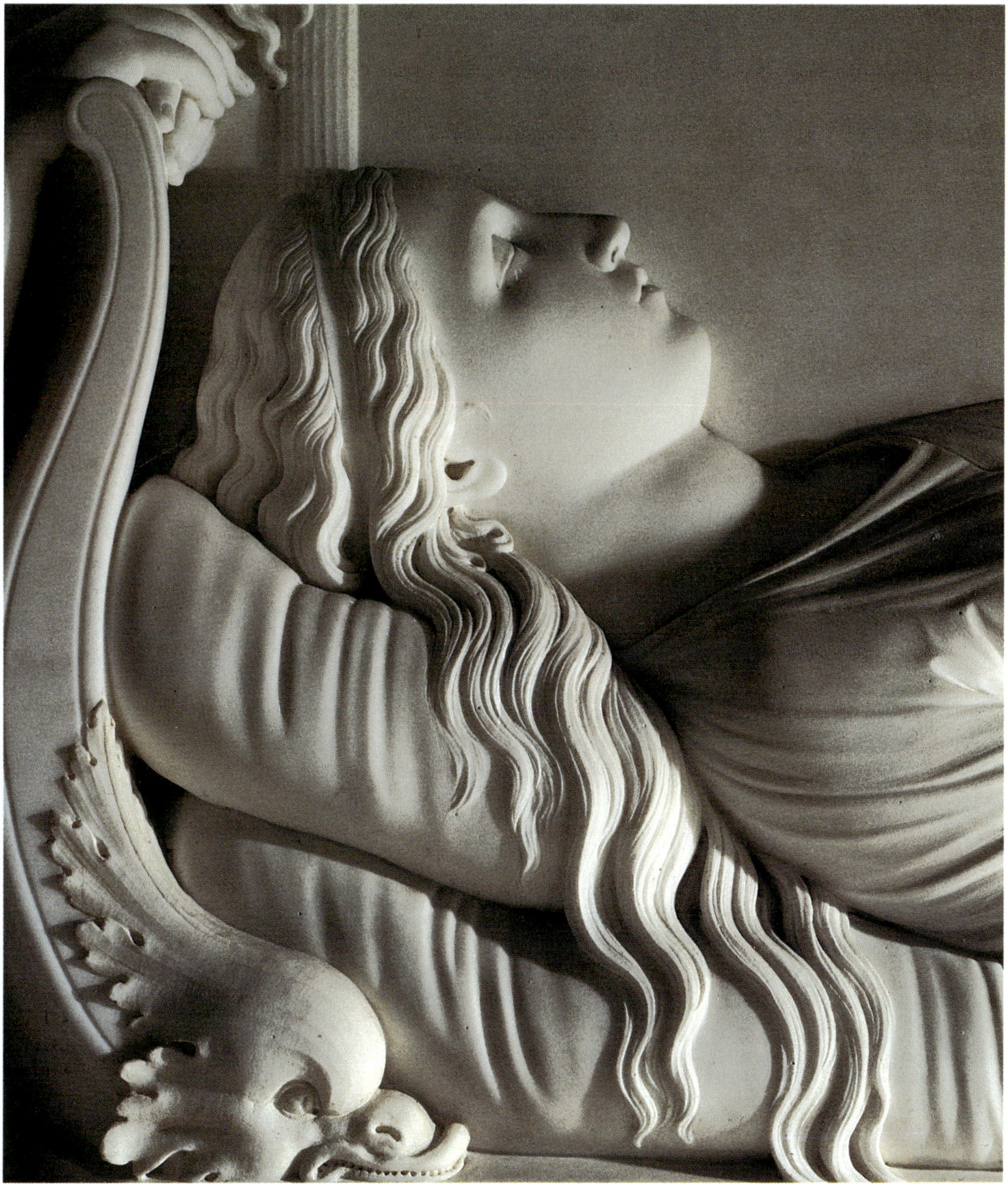

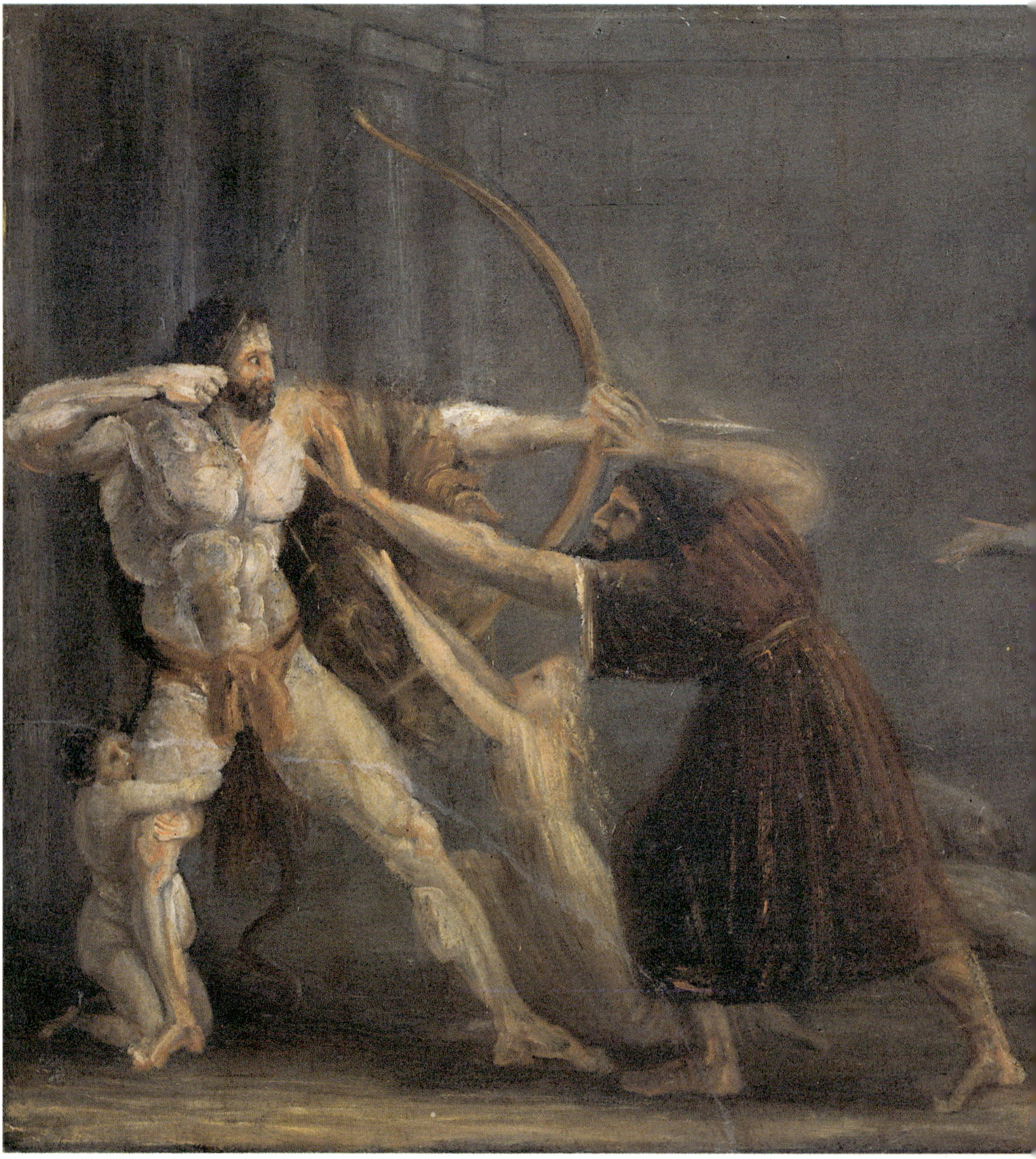

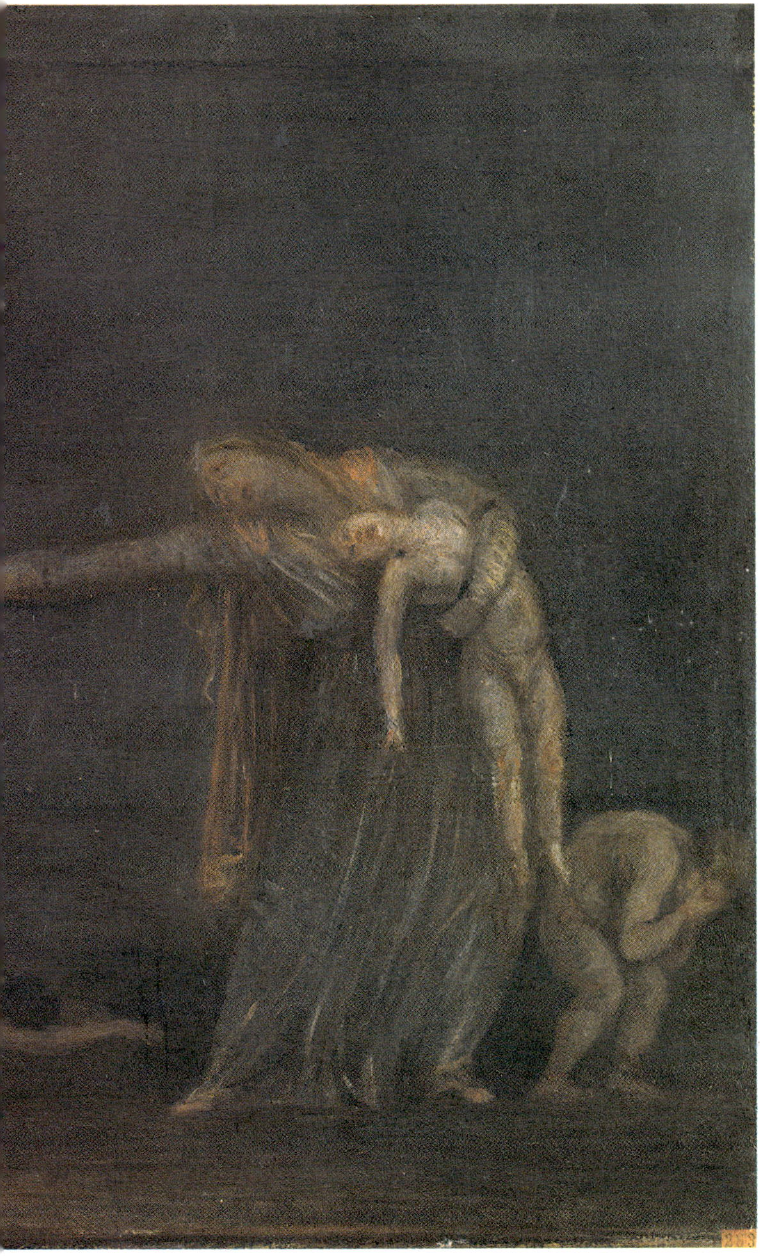

Das Thema dieses Ölgemäldes von Canova, »Herkules erschießt seine Söhne« (Bassano, Städtisches Museum) ist von Euripides und einer Ode des Pindar angeregt: In wildem Zorn verwechselt der griechische Held seine eigenen Söhne mit denen des Euristeos und tötet sie mit den Pfeilen seines Bogens. Canova behandelt dieses Thema überdies in einem Flachrelief, das in Possagno aufbewahrt wird, in einem Wachsbozzetto des Museo Correr in Venedig und in einer Studie auf Leinwand. Letztere entsteht als Vorbereitung zu dem hier abgebildeten Ölgemälde, das er unvollendet zurückläßt, als er 1799 nach Rom aufbricht. In diesem Werk zeigt Canova eine ungewohnte Art der Empfindsamkeit, indem er das im Mythos beiläufige und abstrakte literarische Motiv in eine Szene von unmittelbarer und realistischer Dramatik umsetzt: Aus den verschiedenen Ausdrucksformen romantischer Empfindsamkeit bei der Interpretation der Todesthematik wählt der Künstler nicht wie so oft einen melancholischen oder wehmütigen Ton, sondern eine brutale, grausame Klangfarbe. Er nähert sich mit diesem Werk – dessen Ausdrucksweise als Neuerung zu betrachten ist – den Meistern der Vorromatik und der Ästhetik des »Erhabenen«.

Canova hatte zum Thema der Pietà bereits 1800 ein Gipsmodell angefertigt, das sich heute in Possagno befindet. Er behandelte diesen Stoff erneut in einem auf 1819 datierten Tonmodell, der »Beweinung Christi«. Das in Possagno aufbewahrte Modell stellt den ersten Entwurf für eine Marmorgruppe dar, die für die Kirche St. Sulpice in Paris bestimmt war. Dieses Thema hat Canova überdies in mehreren anderen Ausführungen, alle wesentlich voneinander unterschieden, vorbereitet, jedoch nie in Marmor verwirklicht.

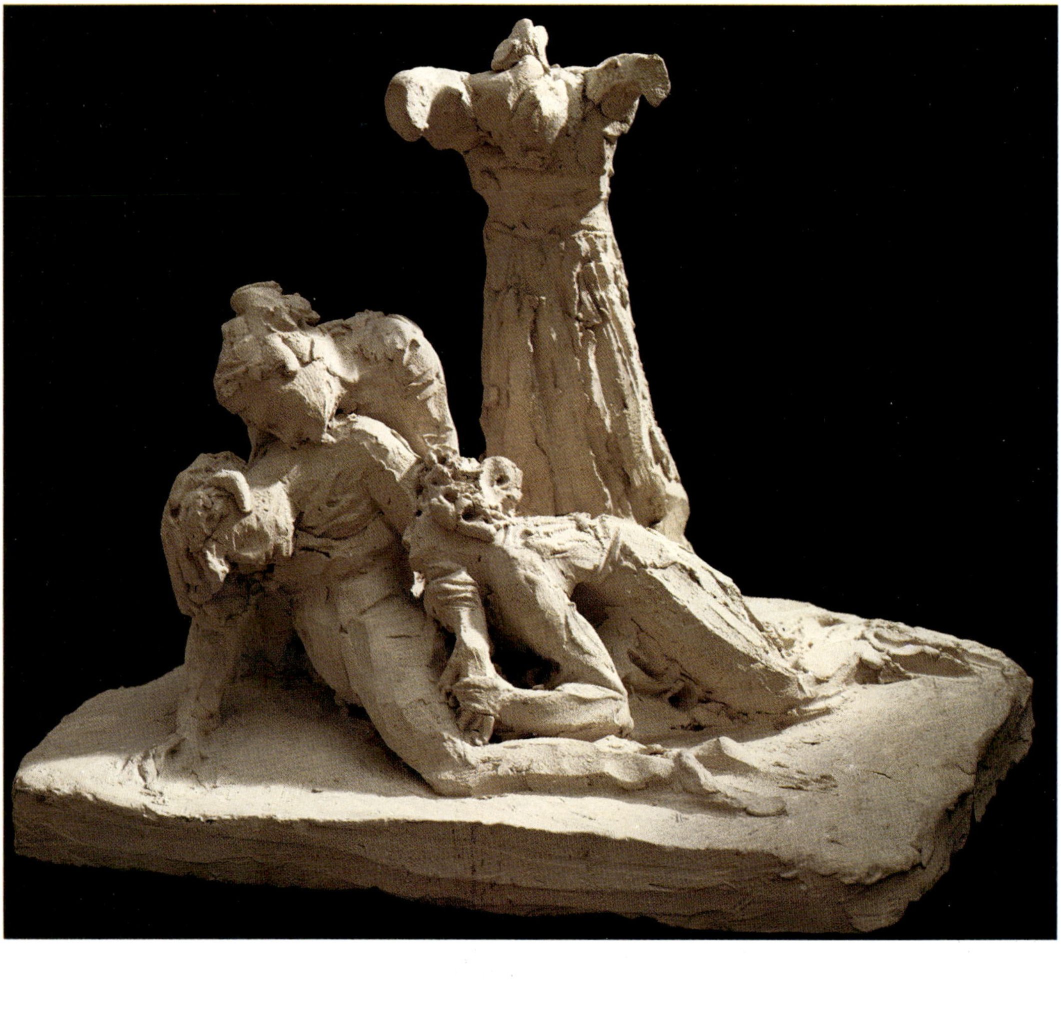

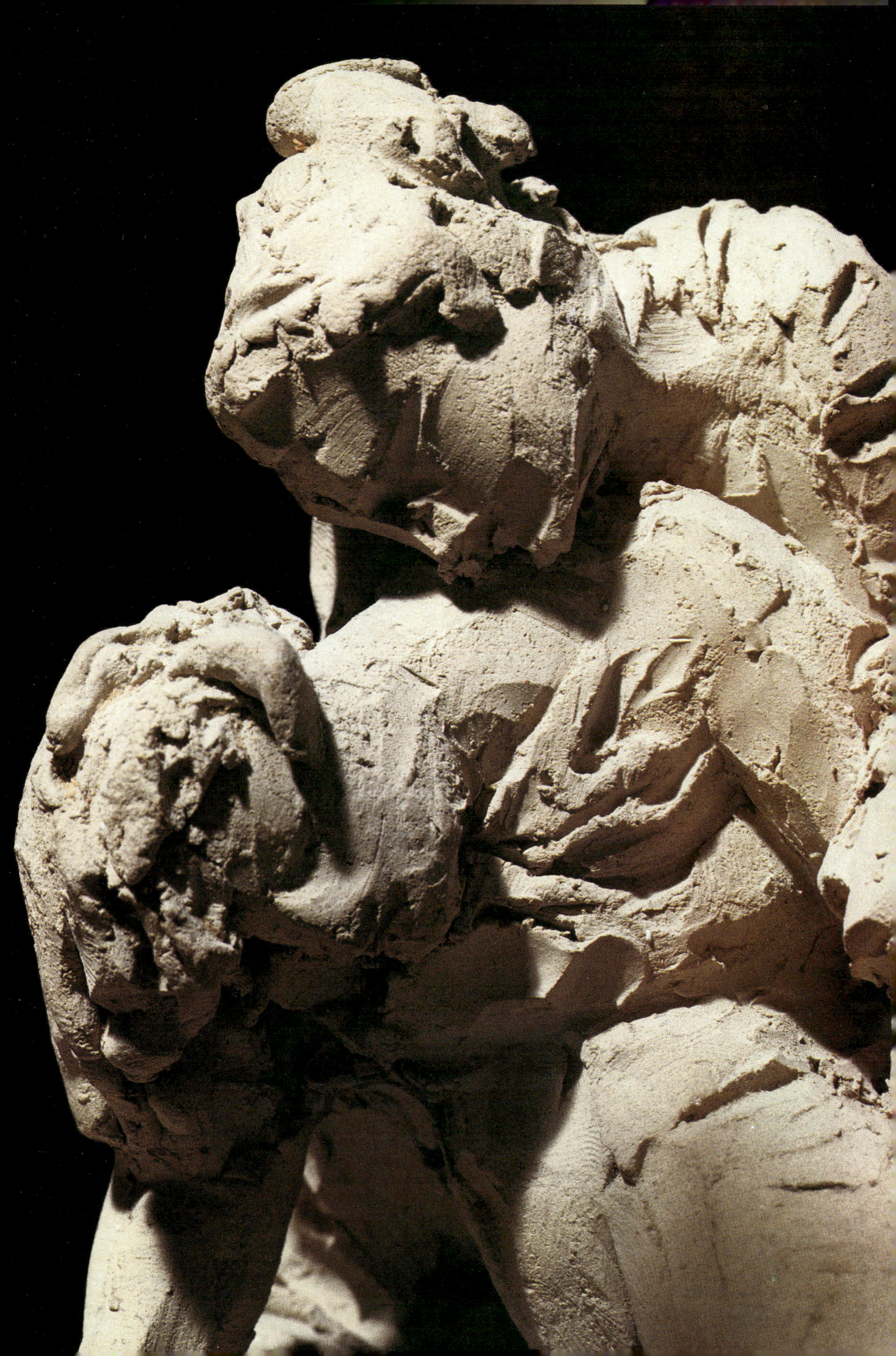

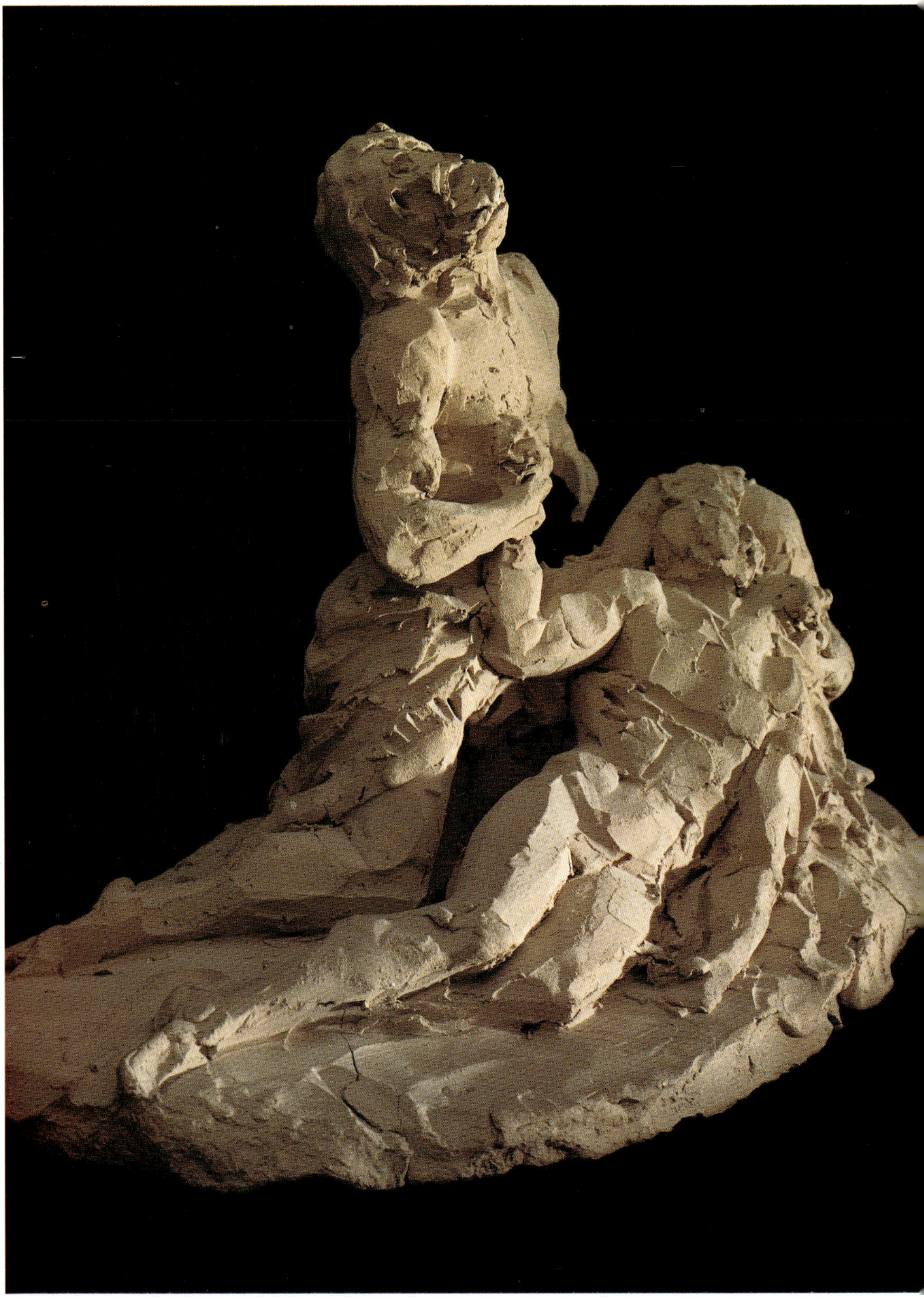

Links der Tonentwurf Canovas für eine »Beweinung Abels«, die nie in Marmor ausgeführt wurde. Unten eine Teilansicht desselben Bozzetto (Possagno, Gipsoteca). Die Studie bezieht sich vielleicht auf ein Werk, das der Künstler für den Tempel von Possagno auszuführen gedachte. Die Todesthematik wird hier in einem Ausdruck gesteigerter Verzweiflung wiedergegeben. Die offensichtliche innere Bewegtheit geht jedoch mit Sicherheit über die eigentlichen Absichten des Künstlers – in Wesen und Technik des Bozzetto – hinaus.

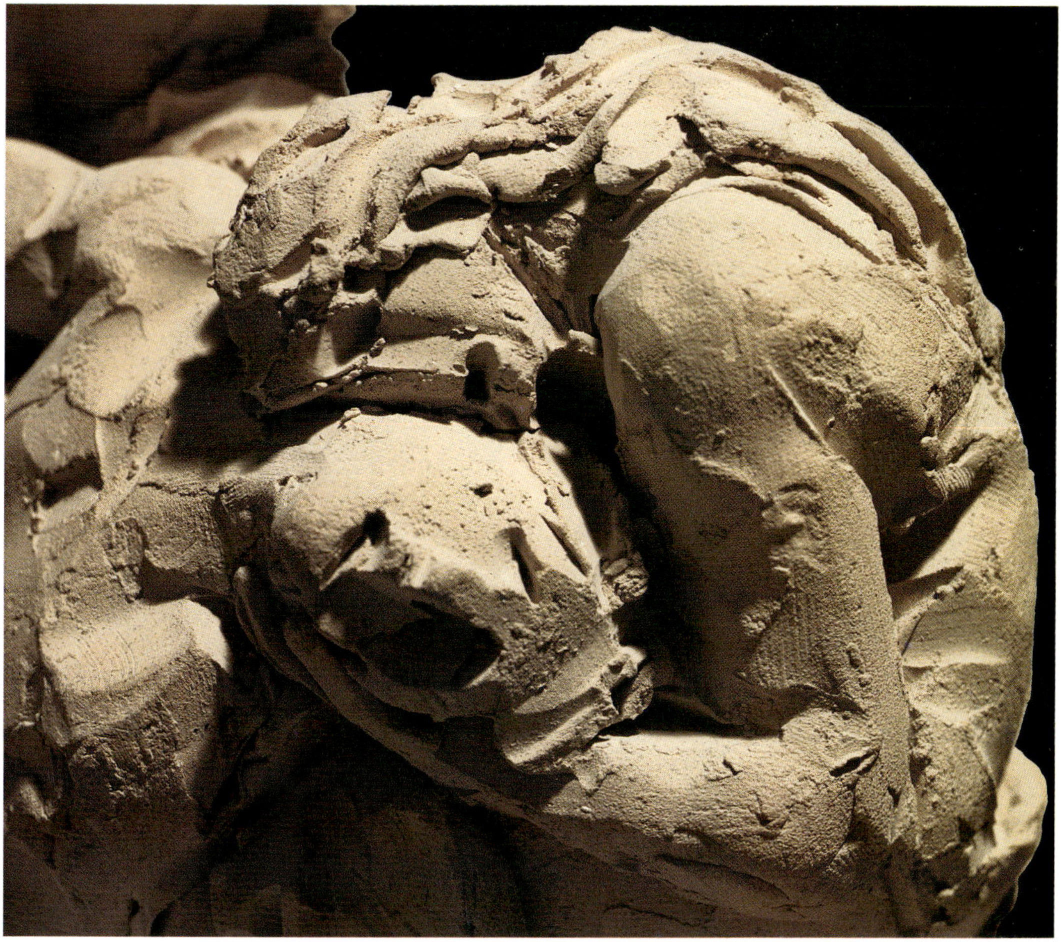

Die Entwürfe Canovas sind zwar tatsächlich von großer Ausdrucksstärke, wurden jedoch von der »romantischen« und modernen Kritik zu sehr gelobt und im Verhältnis zum vollendeten Werk – das man kalt und eintönig fand – stark überbewertet. Man darf jedoch den vorbereitenden Charakter dieser Entwürfe nicht vergessen. Ihre Modernität und Dramatik, in denen eine gewisse »Größe« dieser kleinen – nur 20 Zenitmeter hohen – Modelle liegt, ergeben sich aus Canovas »Willen zur Kunst«.

Rechts nochmals die »Beweinung Abels«. Um den tatsächlichen Wert der Bozzetti Canovas besser einschätzen zu können, ist ein Umriß der künstlerischen Technik von Nutzen: Der Bozzetto aus Ton wurde in einem immer noch kleinen, aber in seinen Einzelheiten feineren Modell ausgearbeitet, das seinerseits als Vorbild für das metallgestützte Tonmodell in Originalgröße diente. Dies war eine Neuerung Canovas, der es vorzog, seine »großen« Modelle in Ton statt in Gips auszuführen, da er überzeugt war, daß bei letzterem Material »die Arbeit immer spröde und kümmerlich gerät«. Die Tonfigur überzog er zunächst mit einer roten Farbschicht, dann mit Gips. Nach dem Entfernen des Tonkerns aus dem Inneren, füllte er die so entstandene Gips-Hohlform wieder mit Gips und trug die äußere Gipsschicht bis zum Erscheinen der roten Farbe – der »Haut« der Statue – ab. Die Lehrlinge setzten das so entstandene Modell fast bis in alle Einzelheiten in Marmor um und hinterließen lediglich eine dünne Marmorschicht, die der Meister dann selbst bearbeitete.

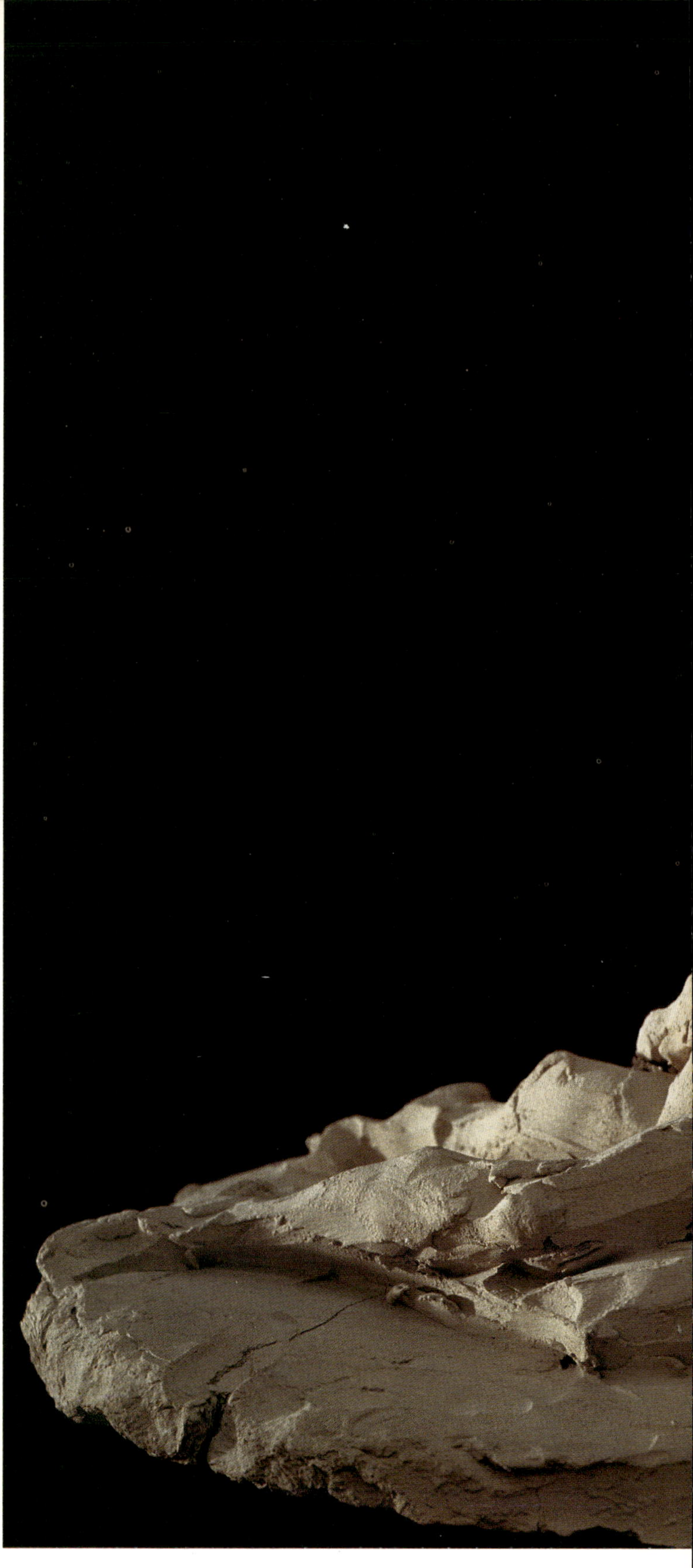

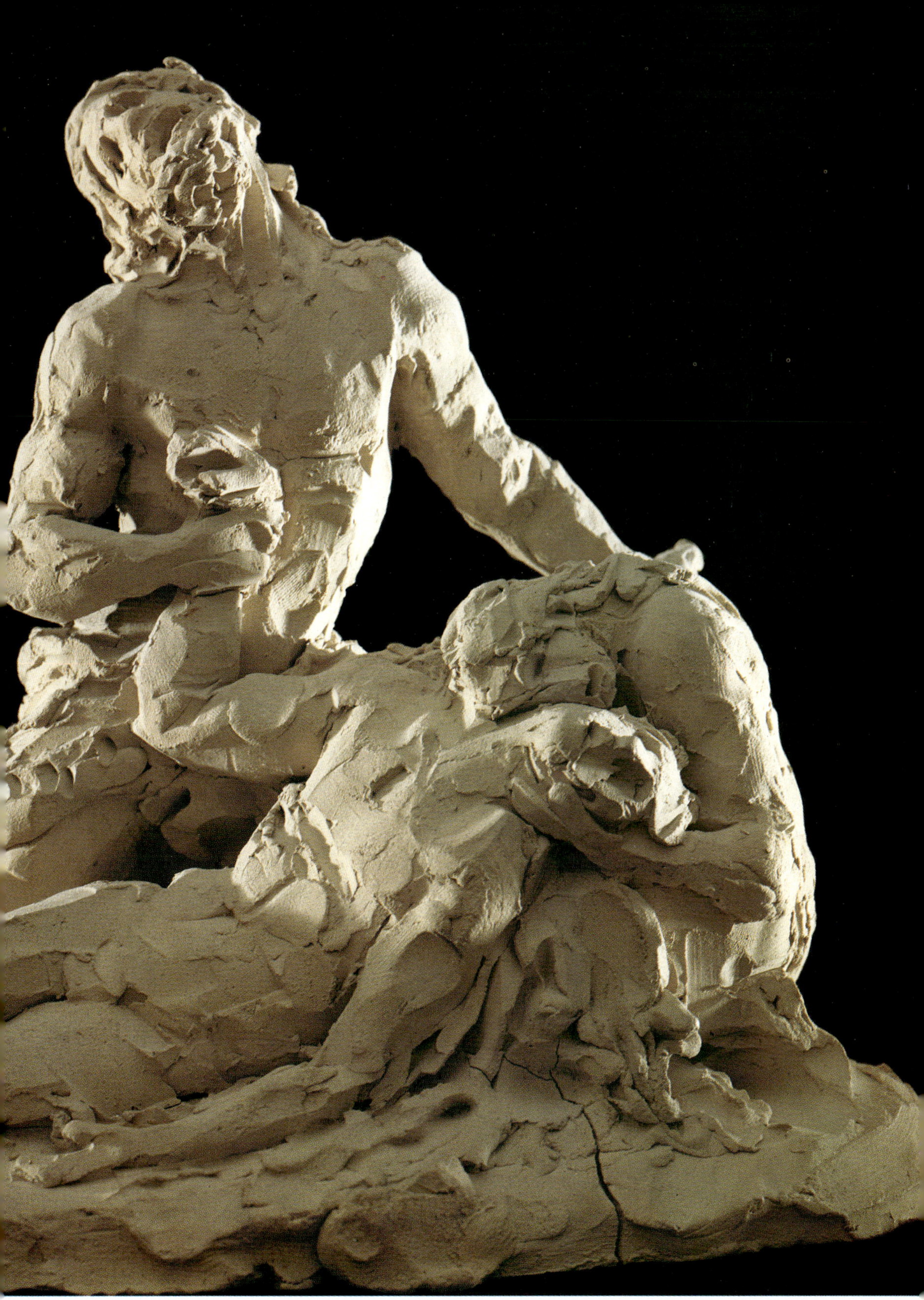

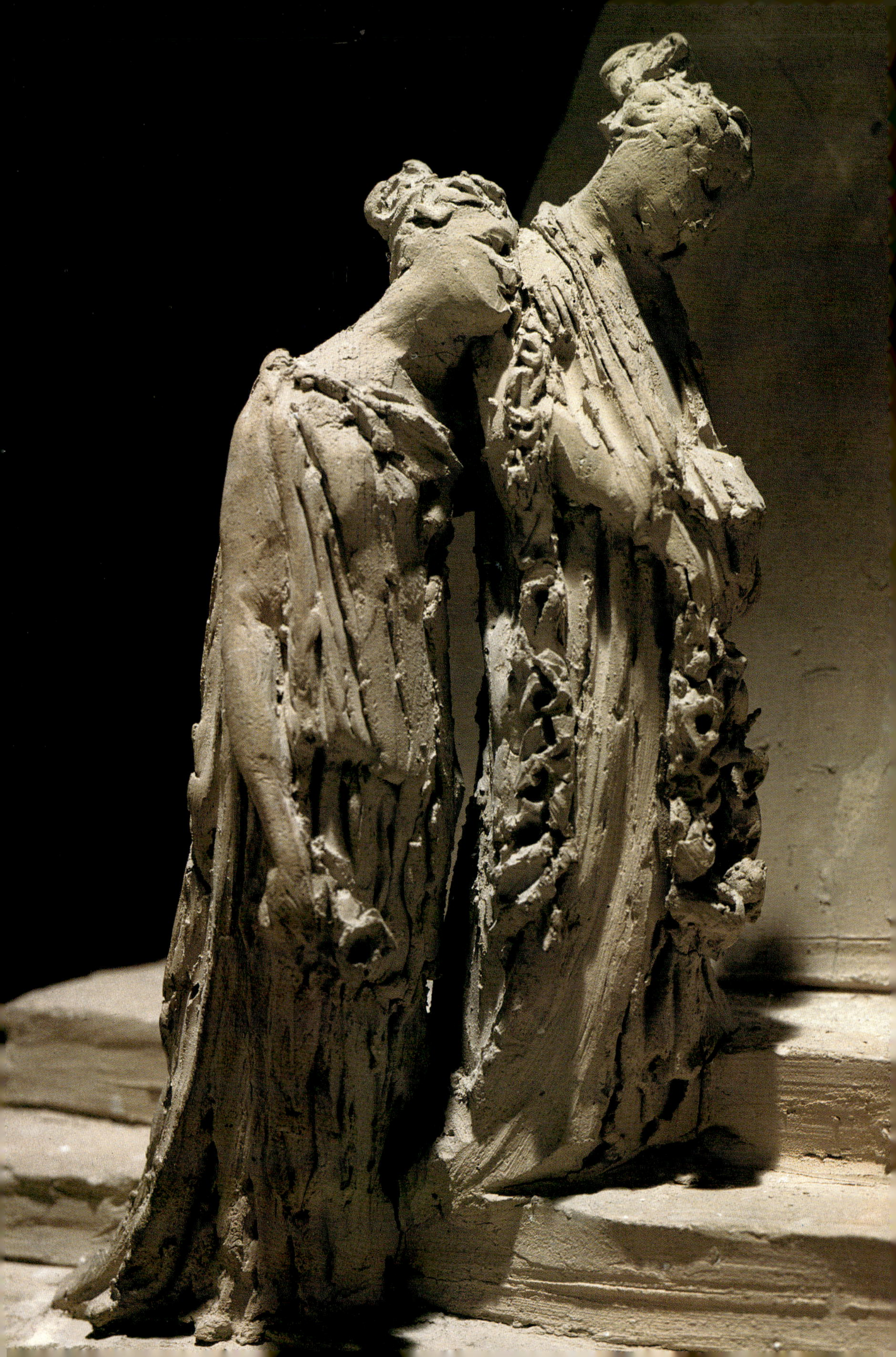

1790 beauftragte Cavalier Zulian, ein venezianischer Adeliger, Canova mit einem »Denkmal zu Ehren des Tizian« für die Kirche dei Frari in Venedig, das wegen des plötzlichen Todes des Auftraggebers jedoch nicht ausführt wurde. Von den erhaltenen Bozzetti sieht dieser ein pyramidenförmiges Grabmal vor, auf dessen Vorderseite das Porträt des Malers als Relief gemeißelt ist. Am Eingang stellt Canova die personifizierte Malerei dar, gefolgt von der Bildhauerei und der Architektur (im Detail links). Auf der anderen Seite des Eingangs ist ein trauernder Engel angebracht.

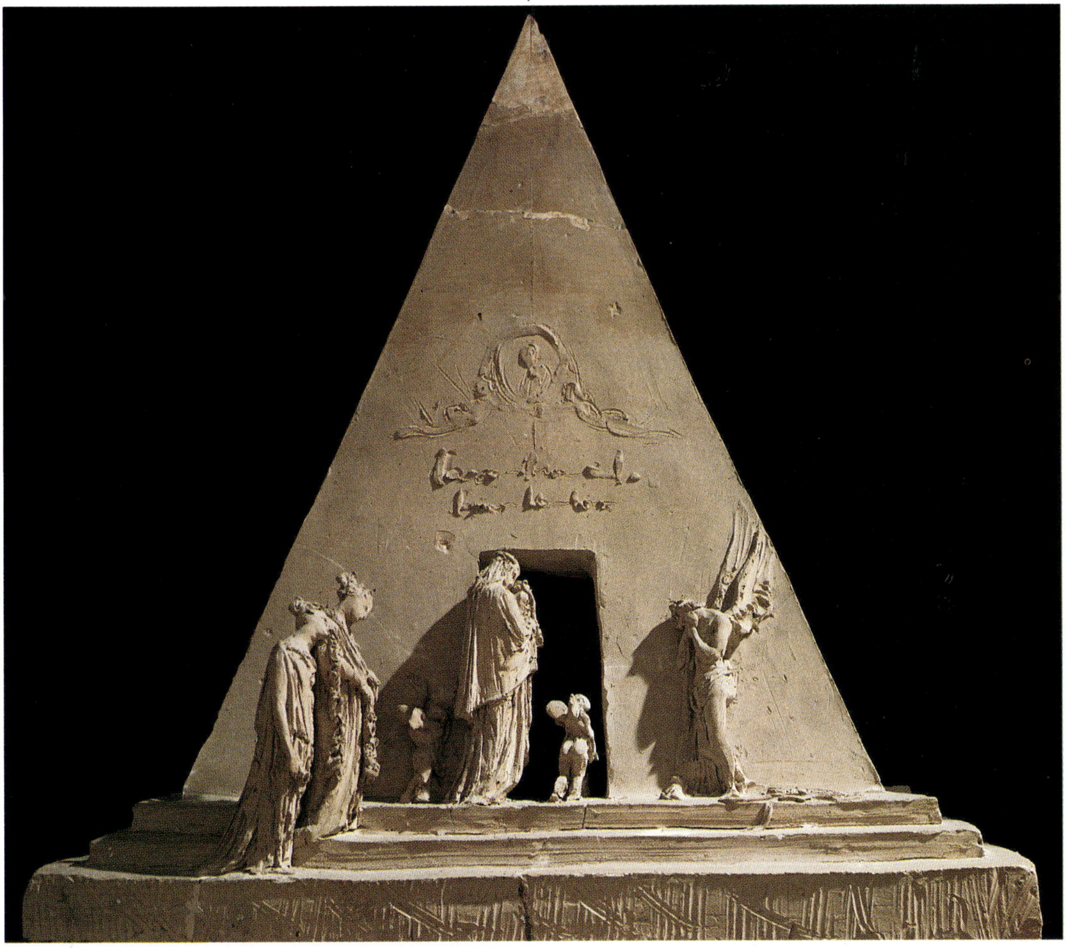

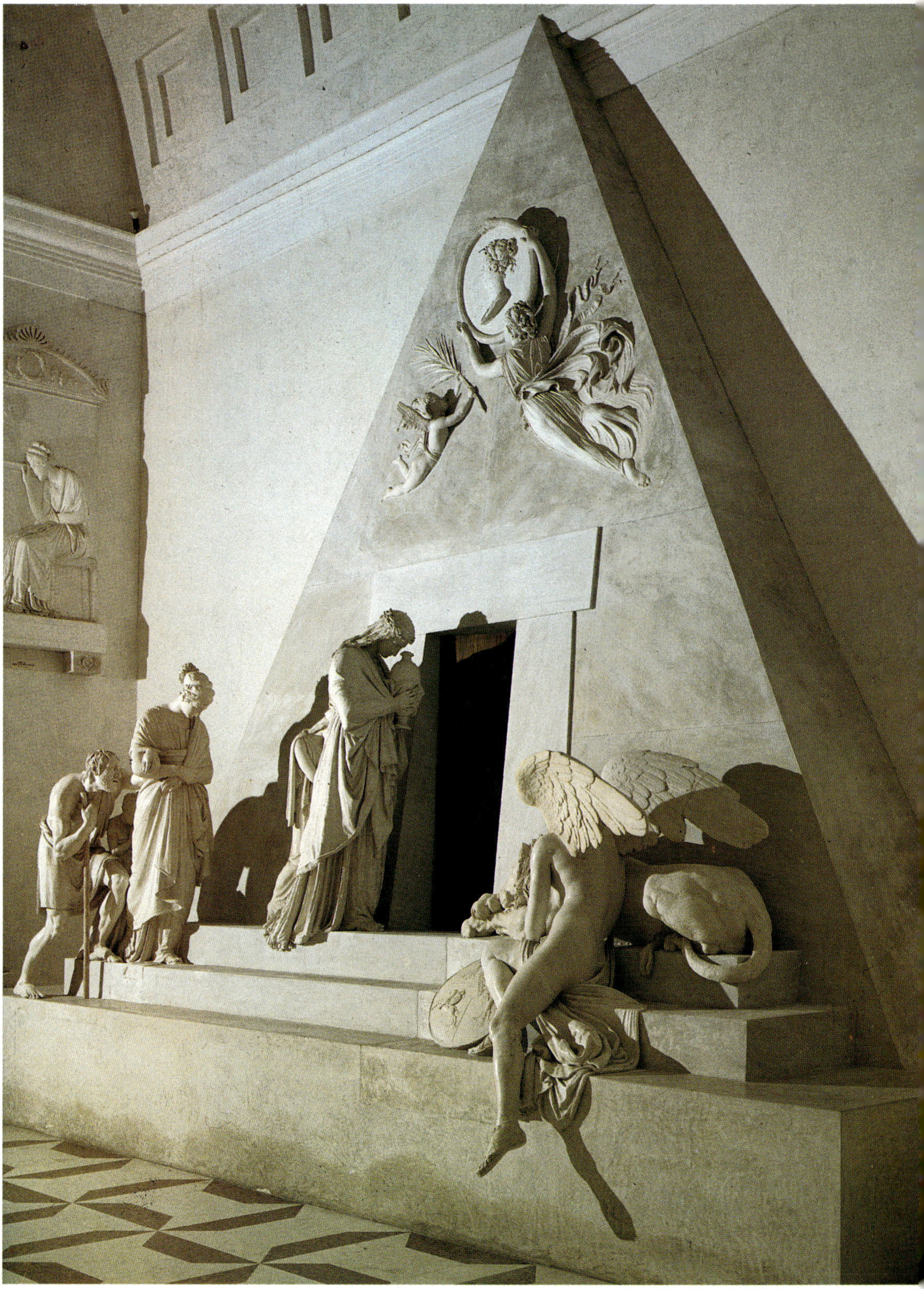

Das Grabmal für Maria Christina von Österreich nimmt die für das Denkmal zu Ehren Tizians geplante Anlage wieder auf. Es stellt ein pyramidenförmiges Grab dar, in das verschiedene allegorische Figuren eintreten: Die Tugend, die die Urne trägt, sowie die Barmherzigkeit, die das Mädchen und den blinden Greis an der Hand führt. Von rechts beobachtet der Todesengel die Prozession. Das Grabmal, das hier in einem Gipsmodell (Possagno, Gipsoteca) zu sehen ist, wurde 1805 in der Augustiner-Kirche in Wien errichtet. Unten eine Probezeichnung aus dem Städtischen Museum von Bassano.

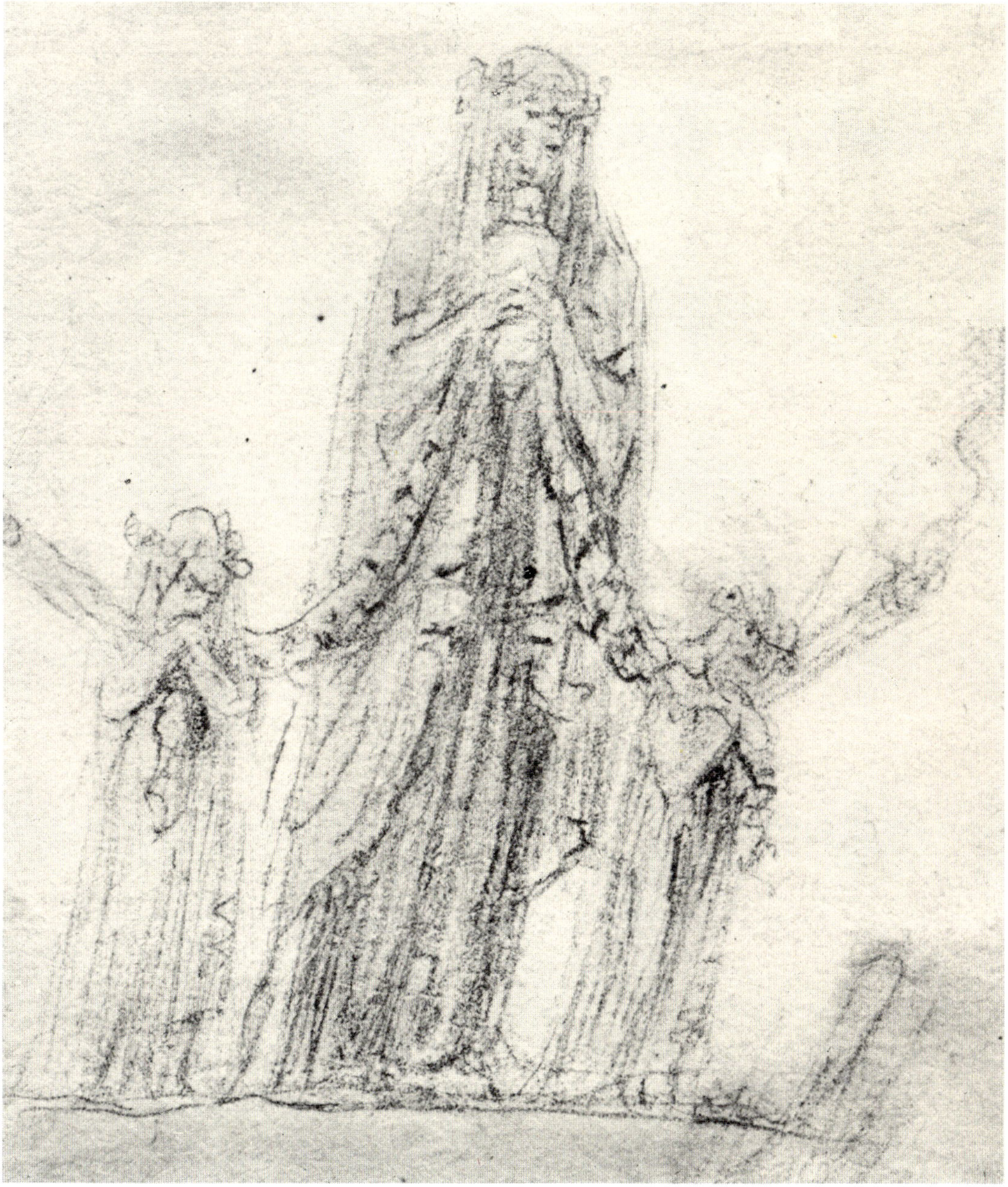

Unten die »Grabstele für Ottavio Tento«, eine Marmorarbeit, die 1813 bis 1815 für das Kloster S. Pietro in Vicenza angefertigt wurde. Der Auftrag kam von der Gemeinde der Stadt , die einen ihrer Wohltäter ehren wollte. In diesem Relief zeigt sich ein enger Bezug zur antiken Grabskulptur, von der Canova auch den Typus der Stele übernommen hat. Rechts das »Kenotaph der Stuarts« (1817 bis 1819), eines der letzten Werke des Künstlers, das im Petersdom im Vatikan errichtet ist.

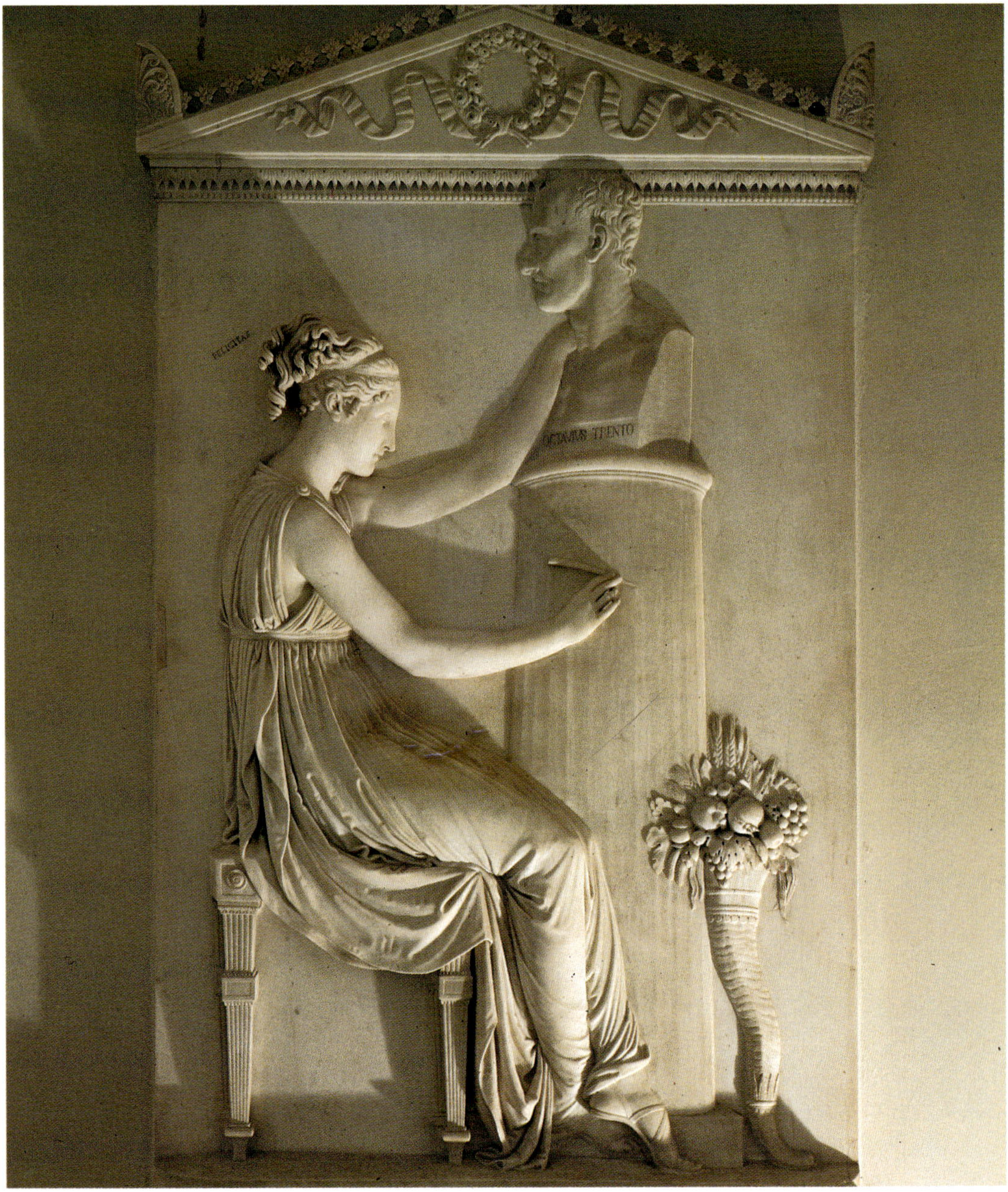

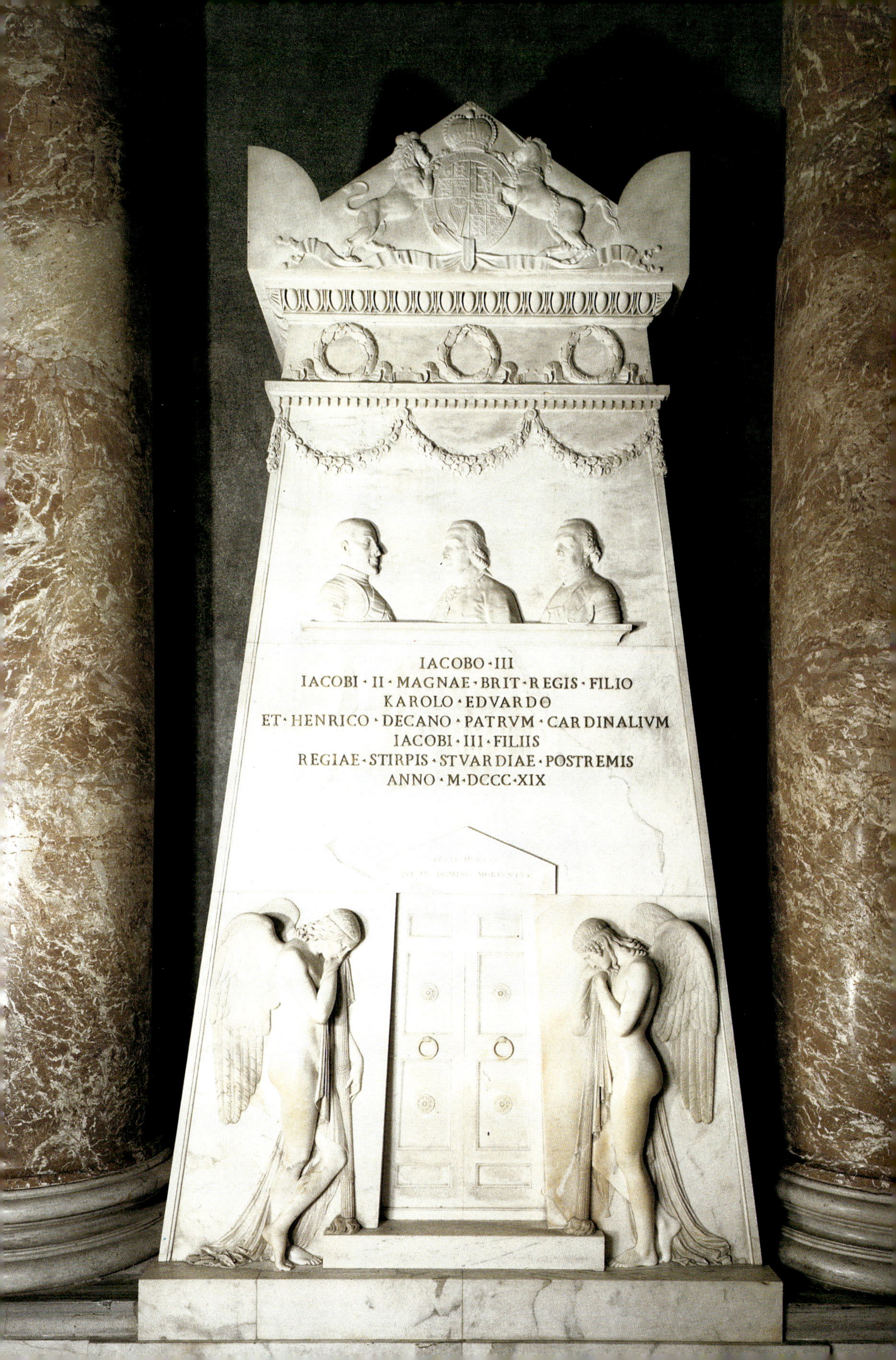
IACOBO · III
IACOBI · II · MAGNAE · BRIT · REGIS · FILIO
KAROLO · EDVARDO
ET · HENRICO · DECANO · PATRVM · CARDINALIVM
IACOBI · III · FILIIS
REGIAE · STIRPIS · STVARDIAE · POSTREMIS
ANNO · M · DCCC · XIX

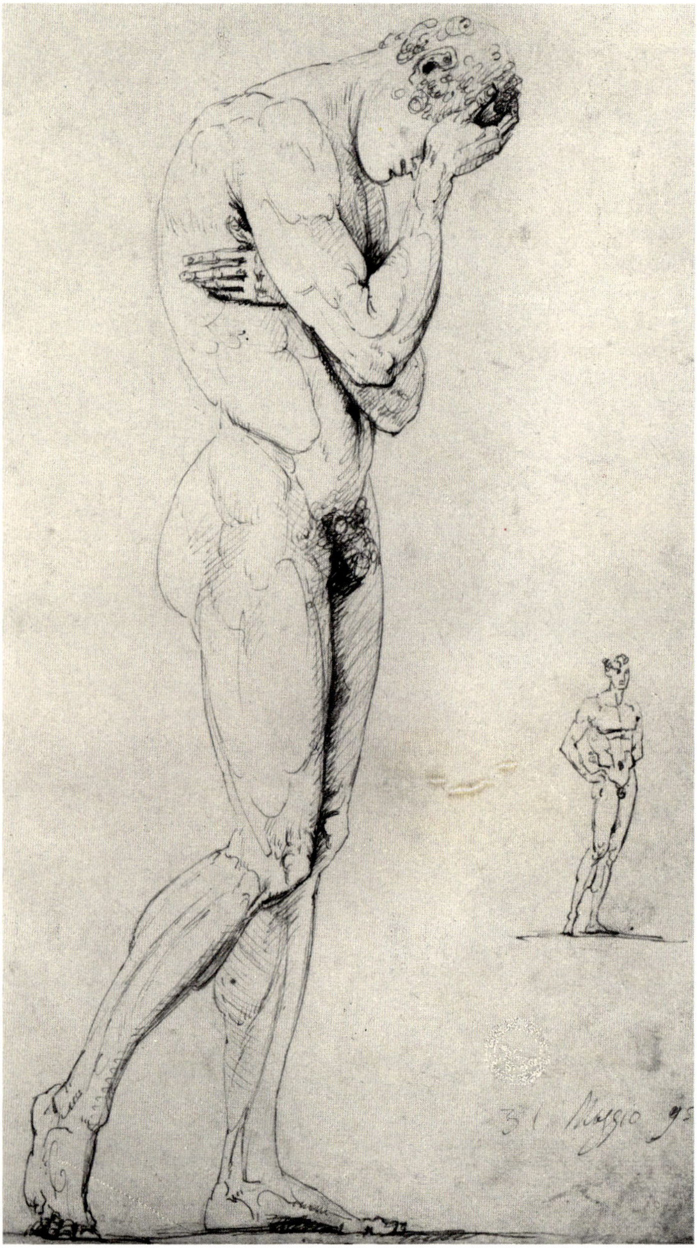

Bei dem »Kenotaph der Stuarts« handelt es sich um eine hohe Stele aus weißem Marmor, die den letzten Mitgliedern des Hauses Stuart gewidmet ist: Jakob III., der 1766 in Rom starb, und seinen beiden Söhnen – Charles III. und Kardinal Henry IV., Duke of York –, deren Büsten über der langen Widmungsinschrift dargestellt sind. Im unteren Teil des Denkmals steht je ein Engel mit gesenktem Kopf – als Zeichen verlöschenden Lebens – zu beiden Seiten einer Tür. Die Tür, ein fast in allen Grabmalen Canovas vorhandenes Element, gestaltet den Gedanken des Übergangs in eine andere Welt und ein anderes Leben. Sie deutet die Existenz eines den Lebenden unbekannten Raumes an, der sich nur dem erschließt, der die Schwelle des Grabes überschreitet. Canova kehrt häufig zu formalen Lösungen zurück, die er in früheren Schaffensperioden ausgearbeitet oder mit denen er auch nur geliebäugelt hat. Das bestätigt auch dieser Engel mit seinen weichen Formen und seinem schwermütigen, gesammelten Ausdruck, der in seiner Haltung und Ergebenheit an einen vom Künstler im Jahre 1795 gezeichneten Akt erinnert; zu besichtigen im Städtischen Museum von Bassano (links).

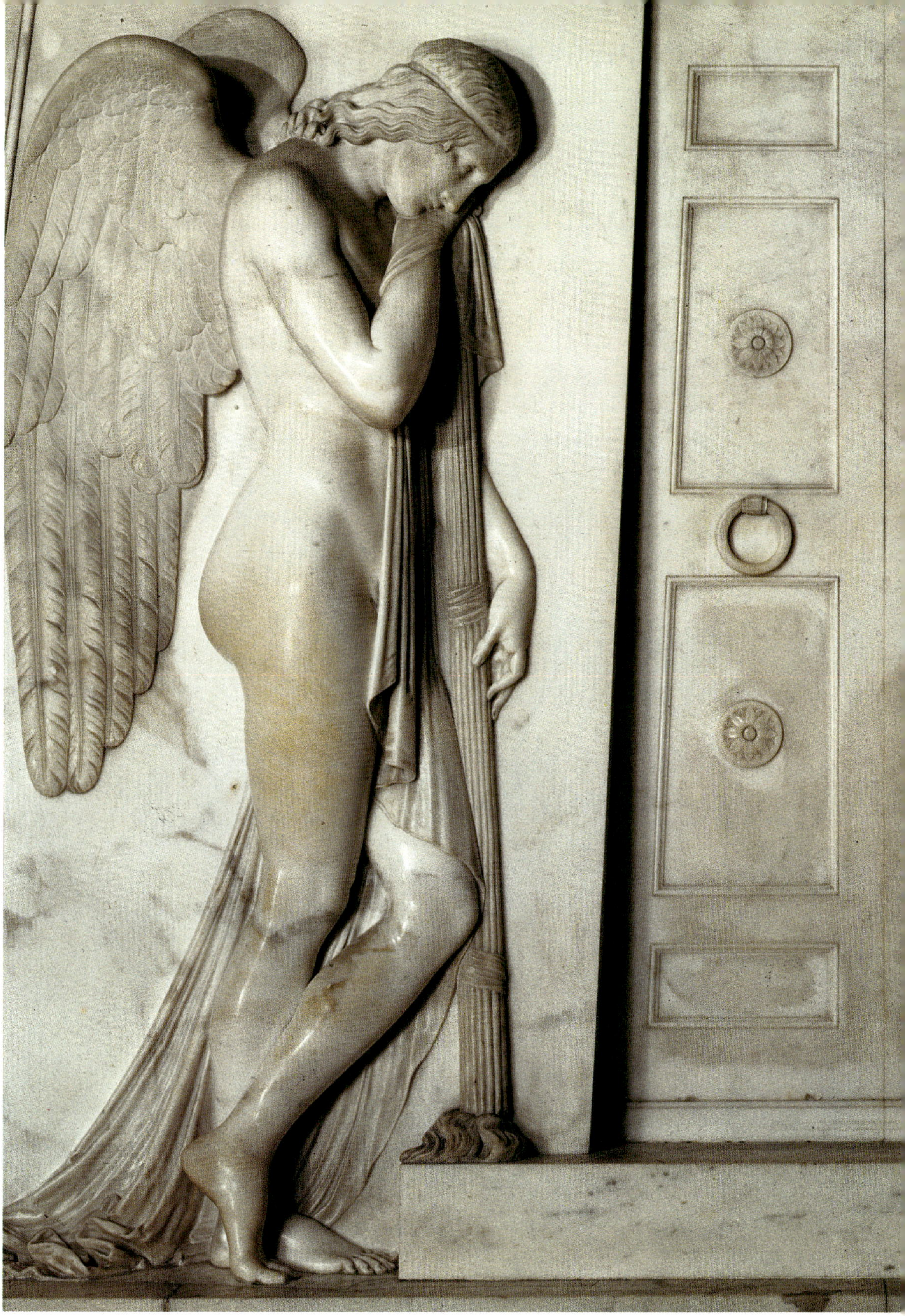

Inhalt